책벌레가 된 멍청이

책벌레가 된 멍청이

초판 1쇄 인쇄 2014년 9월 15일 | 초판 1쇄 발행 2014년 9월 20일
지은이 권오단 | 그린이 김승아 | 발행인 권윤삼 | 발행처 도서출판 산수야
등록번호 제1-1515호 | 등록일자 1993년 4월 30일
주소 서울시 마포구 월드컵로 165-4 | 전화 (02)332-9655 | 팩스 (02)335-0674

ISBN 978-89-8097-319-4 73990

책값은 뒤표지에 있습니다.

이 도서의 국립중앙도서관 출판시도서목록(CIP)은
서지정보유통지원시스템 홈페이지(http://seoji.nl.go.kr)와
국가자료공동목록시스템(http://www.nl.go.kr/kolisnet)에서 이용하실 수 있습니다.
(CIP제어번호: CIP2014025997)

글쓴이의 말

'책벌레가 된 멍청이'는 안동 지방에 전해 오는 김안국의 이야기를 소설 형식으로 엮은 것이에요. 역사책을 살펴보면 김안국의 고향은 이천이며, 아버지인 김연은 판서가 아니라 참봉을 지냈어요. 하급 관리였지요.

또한 김안국은 아내인 달래에게 공부를 배운 게 아니라 명성이 높은 선비인 김굉필에게 배웠다고 해요. 벼슬을 한 후에는 한양에서 살았겠지요. 그런데 무슨 이유로 안동 지방에서 김안국의 이야기가 전해 오고 있을까요?

자세한 사료를 찾을 수가 없어서 정확히 알 수는 없지만 김안국의 본관이 의성이라는 점으로 미루어 볼 때 그의 어린 시절이 안동 지역과 깊은 인연이 있지 않을까 추측하고 있어요.

어린 시절에 바보 멍청이라 놀림받던 김안국 이야기를 쓰려고 마음먹은 것은 어린이 여러분에게 용기를 주기 위해서예요. 초등학교 때부터 학원을 전전하며 좋은 대학, 좋은 직장을 찾기 위해 끊임없이 경쟁하는 여러분의 모습이 어릴 적 김안국의 모습과 닮았기 때문이지요.

김안국은 공부에 짓눌려서 글을 깨치지 못한 바보 멍청이로 살았잖아요? 그런데 달래를 만나 재미있는 이야기를 들으면서 차츰 공부에 흥미를 느끼게 돼요.

놀이하듯 공부를 시작한 김안국은 글자를 늦게 깨쳤지만 무서운 집념으로 장원 급제를 하게 된답니다.

어린이 여러분, 지금 지치고 힘들더라도 김안국처럼 공부를 즐기세요. 그리고 꿈을 포기하지 마세요.

인생은 멀고 먼 길을 홀로 걸어가는 거예요. 힘들고 어렵다고 생각하면 정말로 어려워져요. 그리고 앞만 보고 달려간다면 머지않아 쓰러지고 말 거예요.

하지만 주변의 경치도 감상하고 노래도 불러 가면서 꾸준히 걸어가다 보면 언젠가는 자신이 꿈꾸던 목적지에 도달할 수 있을 거예요.

어린이 여러분에게 꼭 당부하고 싶은 건 지금 남들보다 조금 뒤떨어져도 나중 일은 모르는 거예요. 그러니 꿈을 가

지세요. 그리고 즐기세요. 이런 말도 있잖아요.

천재는 노력하는 자를 당할 수 없고,
노력하는 자는 즐기는 자를 당할 수 없다.

　어린이 여러분이 꿈을 꾸고 자신의 길을 즐기면서 달려가면, 자신도 모르는 사이에 엄청나게 변화된 자신을 발견할 수 있을 거예요. 책벌레가 된 멍청이 김안국처럼 말이죠. 그러니 늘 용기를 갖고 도전하는 어린이가 되세요.

권오단

차례

글쓴이의 말	4
바보 멍청이 김안국	9
쫓겨난 안국이	19
새신랑	29
안국이의 숨은 재주	36
글공부	64
과거 시험	101
장원 급제	114
사신과의 대결	124
김안국 이야기	145

바보 멍청이 김안국

"얼레리꼴레리, 얼레리꼴레리."

"안국이는 바보래요."

"글자도 모르는 바보 멍청이! 얼레리꼴레리."

서당을 나온 한 무리의 아이들이 앞서 가는 소년을 쫓아가면서 놀리고 있었어요.

소년이 걸음을 멈추더니 울먹이면서 소리쳤어요.

"난 바보 멍청이가 아니야."

"뭐라고? 바보 멍청이가 아니라고?"

한 소년이 책보에서 천자문을 꺼내더니 울상이 된 소년 앞에 펼쳤어요. 소년은 하늘 천(天)이 쓰인 글자를 가리키며 물었어요.

"이게 무슨 글자야?"

울상이 된 소년의 얼굴이 일그러졌어요. 소년이 재촉하듯 물었어요.

"이게 무슨 글자냐고?"

"하, 하늘……."

소년은 뒷말을 잇지 못하고 고개를 푹 숙였어요.

"이래도 네가 바보 멍청이가 아니란 말이냐? 나는 서당에서 글을 배운 지 반년 만에 천자문을 다 떼었는데, 너는 서당에서 몇 년 동안 글을 배워도 하늘 천 자를 모르잖아. 이런 바보가 어떻게 김 판서의 집에서 태어났는지 몰라."

소년이 손가락질을 하며 말했어요.

"훈장님 말씀이 너 같은 바보는 보다보다 처음이라 하시더라. 너는 머리에 돌이 들었지?"

"바보 멍청이."

"얼레리꼴레리, 얼레리꼴레리. 안국이는 장안에서 제일가는 바보래요, 멍청이래요."

아이들이 안국이 주위를 빙글빙글 돌면서 손가락질을 하며 놀리자 결국 안국이는 울음을 터뜨렸어요.

이 소년이 바로 이조 판서 김연의 큰아들이에요. 김 판서의 집안은 대대로 큰 벼슬을 한 사람들이 많았어요.

김 판서는 용모가 수려한 안국이가 태어났을 때 무척이나 기뻐했어요.

'이 아이를 잘 가르쳐서 우리 가문을 더욱 빛내는 사람으로 만들어야지.'

김 판서는 큰 기대를 품고 안국이가 세 살 되던 해부터 글을 가르쳤어요. 그러나 김 판서의 기대는 얼마 못 가 무너지고 말았어요. 안국이가 글자를 깨치지 못했거든요.

'너무 어릴 적부터 공부를 시작해서 그런 것일까?'

김 판서는 안국이가 일곱 살이 될 때까지 기다렸다가 다시 공부를 가르쳤어요. 그러나 이번에도 글자를 깨치지 못했어요.

안국이는 누가 봐도 슬기롭고 똑똑하게 생긴 소년이었어요. 그런데 글자를 깨치지 못하자 김 판서는 조급증이 생겼어요.

'글 선생을 불러 가르쳐 보면 어떨까?'

김 판서는 장안에서 유명하다고 소문난 글 선생을 모셨어요.

"하늘 천."
"……"

"따 지."

"……."

"아이고, 글 선생 반평생에 너 같은 바보는 처음이다. 삼 년 동안 가르쳤건만 천자문 한 장을 넘기지 못한단 말이냐. 난 염치가 없어서 더 이상 못하겠다."

화가 난 글 선생은 짐을 싸서 김 판서의 집을 나가버리고 말았어요. 김 판서는 실망감이 컸지만 이렇게 생각했어요.

'친구들과 어울려 글을 배우면 경쟁심이 생겨서 글을 깨우치겠지.'

김 판서는 안국이가 열 살이 되던 해에 가까운 서당에 보냈어요. 그러나 서당에 다닌 지 3년이 되도록 안국이는 천자문의 첫 장도 깨치지 못했어요. 서당 친구들은 안국이를 얕잡아 보고 매일매일 놀려 댔어요.

"이놈들아, 그만두지 못해?"

어디선가 들려오는 호통 소리에 아이들이 도망치듯 흩어져 버렸어요.

"도련님, 괜찮으세요?"

유모가 다가왔어요.

"유모……."

"친구를 바보 멍청이라고 놀리다니, 못된 애들이야. 하여

간 요즘 아이들이란……."

유모가 혀를 차며 안국이의 얼굴을 닦아 주었어요.

"도련님, 신경 쓰지 마세요. 어디 다친 데는 없으세요?"

안국이는 말없이 고개를 끄덕였어요. 사실, 유모가 안국이를 도와준 게 한두 번이 아니었어요. 유모는 서당이 끝날 시간이 되면 기다렸다가 아이들에게 놀림을 받는 안국이를 지켜주었거든요.

"개똥이가 아파서 좀 늦었어요."

안국이가 물어보지도 않았는데 유모가 말했어요. 유모에게도 안국이 또래의 아들이 있었어요.

"개똥이는 괜찮아?"

"열이 조금 가라앉았어요."

"그럼, 어서 개똥이에게 가 봐."

"혼자 가실 수 있으세요?"

"응. 내 걱정은 말고 개똥이에게 가 봐. 난 혼자 갈 수 있어."

"이렇게 의젓하신 도련님이……."

유모는 말끝을 흐렸어요. 안국이는 유모가 무슨 말을 하려는지 짐작이 갔어요. 유모는 안국이가 공부를 못해서 아버지에게 인정받지 못하고, 아이들에게 놀림 받는 것을 항상 안타깝게 생각했거든요. 안국이는 마음이 쓰였지만 담담하게 말했어요.

"유모, 어서 가 봐."

"그럼 조심해서 가세요, 도련님."

"응. 어서 가 봐."

유모는 종종걸음으로 돌아갔어요.

안국이는 멀어져 가는 유모를 바라보다가 터덜터덜 걸음을 옮겼어요. 돌다리를 건너던 안국이는 걸음을 멈추었어요. 다리 아래로 맑은 물이 흐르고, 수면 위로 자신의 얼굴이 보였어요.

"바보 멍청이."

안국이는 물에 비친 자신에게 중얼거렸어요.

'나도 바보 멍청이라고 놀림을 받기 싫어. 하지만, 하지만 글자만 보면 머리가 어지럽고 구역질이 나는 걸 어떻게 해. 부모님은 내가 장원 급제하기를 소원하셨어. 돌이 지난 후부터 난 글자를 배웠어. 공부, 공부, 공부! 자고 일어나면 아버지는 공부만 하라 하셨어. 하지만 난 공부가 두려워. 내가 장원 급제할 수 있을까? 장원 급제라니……'

안국이는 책을 펼쳐 보았어요. 종이 위에는 깨알 같은 글자들이 빽빽하게 쓰여 있었어요. 안국이의 얼굴빛이 창백해졌어요.

 '흰 것은 종이고 검은 것은 글자. 이렇게 많은 글자를 어떻게 공부해. 아! 난 글자만 보면 머리가 아파. 그래서 난 공부가 두렵고 무서워. 이런 내가 장원 급제를 한다고? 난 할 수 없어.'

 안국이는 책을 바닥에 내던지면서 머리를 감싸 안았어요.

'아! 난 정말 공부하고는 거리가 먼 바보 멍청이인가 봐.'

안국이는 바닥에 떨어진 책을 바라보았어요.

'공부 같은 건 하지 않으면 안 되나? 서당에 가면 친구들이 매일 놀려대고……, 정말 서당에 가기 싫어……. 서당에 가지 않는 방법은 없을까?'

안국이는 한숨을 내쉬다가 책을 줍고는 힘없이 발걸음을 옮겼어요.

쫓겨난 안국이

　대청마루 위에 앉아 있던 김 판서는 기가 죽은 안국이가 대문 안으로 들어서자 얼굴이 붉어졌어요.
　아들이 글자도 깨치지 못하는 바보라는 것을 알게 된 김 판서는 안국이의 얼굴을 보기만 해도 화가 났어요. 십여 년간 안국이에게 기대했던 마음이 산산이 부서지고 그곳에 분노가 가득 찼던 거예요.
　안국이가 김 판서를 발견하고는 꾸벅 인사를 했어요.
　"아버님, 퇴청하셨습니까?"
　김 판서는 안국이의 물음에 대꾸도 하지 않고 못마땅한 얼굴로 되물었어요.
　"오늘도 아이들에게 놀림을 당했느냐?"
　"……."

김 판서의 미간이 일그러졌어요.

"꼴도 보기 싫다. 어서 네 방으로 들어가거라."

김 판서는 소리를 지르며 몸을 홱 돌렸어요. 안국이는 눈치를 살피다가 인사를 하고는 쪽문으로 나갔어요.

"에잉."

김 판서는 혀를 차며 생각했어요.

'열네 살이 되도록 천자문조차 외지 못하는 바보 멍청이. 저놈에게 장원 급제를 바라고 또 가문을 빛내기를 기대한

내가 멍청이지. 우리 가문에서 어쩌다가 저런 모자란 자식이 태어났을꼬? 아침저녁으로 저놈의 꼬락서니를 보자니 화병이 날 지경이고, 그렇다고 아예 없는 사람처럼 모른 척하고 살기도 어려우니 어쩌면 좋을꼬? 저놈의 꼬락서니를 안 보는 방법이 없을까?'

한참을 궁리하던 김 판서에게 좋은 생각이 떠올랐어요.

'옳거니, 사촌 아우가 경상도 안동 부사로 있으니 그곳으로 보내 버리자. 둘째인 정국이가 영리하니 가문의 장래는 정국에게 맡기고 이놈은 없는 셈 치자.'

김 판서는 화색이 되어 사랑방으로 들어가서는 붓을 들어 긴 편지를 썼어요.

편지의 내용을 흡족하게 바라보던 김 판서는 하인을 시켜서 안국이를 불렀어요.

안국이는 기죽은 얼굴로 사랑방으로 들어왔어요.

안국이에게 아버지는 늘 무서운 존재였어요. 매일매일 야단을 치니 그럴 수밖에요. 이날도 안국이는 아버지가 부른다는 말을 듣고 한바탕 혼이 날거라 생각했어요. 그러니 자연히 몸이 움츠려졌지요.

"아, 아버님. 부, 부르셨습니까?"

"아버님이라고 부르지도 마라. 너에게 할 말이 있으니 이리 와서 앉거라."

안국이는 고개를 숙인 채 무릎을 꿇고 앉았어요.

김 판서는 엄한 얼굴로 말했어요.

"네 숙부가 안동 부사로 있는 것을 알고 있느냐?"

"네."

"급한 편지를 보내야 하는데 네가 안동엘 좀 다녀와야겠다."

"안동으로요?"

안국이의 두 눈이 휘둥그레졌어요. 당시 한양과 안동은 5백 리 길이었어요. 멀고도 먼 길이었지요.

"왜? 가기 싫으냐?"

김 판서가 안국이에게 되물었어요.

"아, 아닙니다."

안국이는 생각했어요.

'아버님 심부름을 다녀오려면 한 달은 걸릴 테니 그동안 서당에 안 가도 되잖아. 친구들에게 놀림도 안 당할 테고, 심부름을 다녀오면 매번 야단만 치시던 아버님도 대견하다며 칭찬하시겠지?'

안국이는 얼른 대답했어요.

"아버님, 제가 다녀오겠습니다."

"잘 생각했다. 나중에 네 숙부에게 들으면 자연히 알게 될 테지만 너는 내 말을 철석같이 믿고 따라야 할 것이다. 알겠느냐? 만약 그리하지 않으면 큰일 날 줄 알거라."

"네, 아버님."

안국이는 영문도 모르고 대답을 했어요.

김 판서는 흡족한 얼굴로 미소를 가득 지었답니다.

다음 날, 안국이는 말구종을 데리고 집을 출발해 보름 만에 안동에 도착하게 되었어요.

동헌에 도착하니 사또인 숙부가 안국이를 반갑게 맞이해 주었어요.

"안국아, 네가 여긴 어쩐 일이냐?"

"아버님께서 서신을 전하라고 하셔서……."

안국이는 소중하게 간직했던 편지를 사또에게 내밀었어요. 사또는 안국이를 안으로 데려와 쉬게 한 다음 편지를 뜯어보았어요. 편지를 읽는 사또의 안색이 어두워졌어요.

사또가 편지를 내려놓더니 안국이를 바라보았어요. 계란 같은 얼굴에 희고 뽀얀 피부와 오똑한 콧날, 두 눈은 총기 있게 반짝거리고 눈썹은 버들처럼 깨끗하게 뻗어 누가 보아도 총명하게 생긴 도령이었어요. 그런데 천자문도 떼지 못했다고 하니 사또는 편지 내용을 도저히 믿을 수가 없었어요.

"왜 그러십니까?"

"네가 글자를 모른다는 게 사실이냐?"

"그, 그걸 어떻게?"

안국이는 토끼처럼 두 눈을 동그랗게 떴어요. 사또는 편지를 안국이에게 내밀며 말했어요.

"이 편지에 그렇게 적혀 있느니라. 보거라."

안국이는 편지를 읽지 못하고 머뭇거렸어요. 그 모습을 보고는 사또가 물었어요.

"정말 글자를 모르느냐?"

"네."

안국이는 고개를 푹 숙인 채 기어드는 목소리로 말했어요. 사또는 기가 막혀 입이 절로 벌어졌어요.

"안국아, 네 아버님은 네가 공부를 못해서 가문에 누가 된다고 하는구나. 너 때문에 부끄러워 살 수가 없으니 이곳에서 눌러살라고 하셨다."

"네? 그, 그게 정말입니까?"

사또가 고개를 끄덕였어요.

"너는 없는 셈 칠 것이니 이곳에서 시골 사람이 되어 살되 한양에는 다시는 올라오지 말라고 하셨다."

안국이는 그제야 아버지가 자신을 이곳에 보낸 이유를 알 것 같았어요. 공부를 못한 죄로 집에서 영원히 쫓겨난 것이지요. 그런데 집에서 쫓겨났다는 것보다 공부 때문에 다시는 부모님과 동생을 보지 못한다고 생각하니 눈시울이 뜨거워지고 눈물이 저절로 흘러나왔어요.

안국이는 말없이 손등으로 눈물을 닦았어요. 사또가 근엄하게 말했어요.

"울 것 없느니라. 그게 다 네가 공부에 태만한 때문이다. 네 아버지가 설마 너를 버리려고 이곳으로 보냈겠느냐? 이곳에서 공부를 열심히 해서 집으로 돌아가면 될 것이다."

"정말 공부를 하면 집으로

돌아갈 수 있을까요?"

"그럼. 문제없으니 내게 공부를 배우거라."

사또는 다음날부터 일이 끝나면 안국이를 불러서 공부를 가르쳤어요.

"하늘 천, 따 지."

"……."

"이 쉬운 글자를 왜 외우지 못한단 말이냐?"

"죄, 죄송합니다."

사또는 하늘 천 자도 외지 못하는 안국이를 보고 있으니 화가 머리끝까지 솟았어요.

화를 꾹꾹 눌러 참으며 한 달 간을 정성껏 가르쳐 보았지만 안국이는 정말로 글자를 외우지 못했어요. 사또는 마침내 가르치는 것을 포기하고 말았어요.

"형님이 왜 너를 이곳에 보냈는지 알 것 같구나. 너는 공부와는 거리가 먼 것 같으니 이곳에서 내 심부름이나 하거라."

안국이는 그날부터 사또의 심부름을 하는 통인*이 되었어요.

★ **통인** : 조선 시대에 수령의 잔심부름을 하던 구실아치.

새신랑

　사또는 수심에 잠긴 채 동헌 안마당을 장닭처럼 뛰어다니는 안국이를 바라보고 있었어요.
　안국이가 안동 관아에서 통인 노릇을 한 지도 4년이 되었어요. 그동안 안국이는 열여덟 살이나 먹은 떠꺼머리 총각이 되었어요.
　사또의 근심은 안국이 때문이에요. 이제 몇 달 후면 6년의 임기를 마치고 한양으로 돌아가야 하는데 안국이를 데려갔다가는 사촌 형님인 김 판서에게 호되게 질책을 당할 것 같았어요. 김 판서는 안국이가 안동에서 영원히 살도록 사또에게 부탁을 했었거든요.
　'사내 나이 열여덟이면 혼기도 되었으니 내가 한양으로 가기 전에 안국이를 이곳에서 살 수 있도록 마무리 짓자.'

　사또는 마음을 굳게 먹고 좋은 혼처를 물색했어요. 그러던 중 안동에서 약간 떨어진 마을에 좌수를 지낸 이유신에게 달래라는 슬기롭고 마음씨가 고운 딸이 있다는 소문을 듣게 되었어요.
　이유신은 부자에 인품도 좋았거든요.
　사또는 즉시 이유신의 집으로 매파*를 보내 통혼*을 했어요. 그러나 매파에게 청혼 얘기를 들은 이 좌수는 의심을 할 수밖에 없었어요. 안동 부사의 당질이, 더구나 한양에서 권세가인 김 판서의 장남이, 양반도 아닌 중인인 아전의 집에 장가를 들 일이 없었기 때문이지요.
　"생각을 해 봅시다."
　이 좌수는 결정을 하지 못하고 매파를 돌려보냈어요.
　통혼을 성사 시키지 못한 매파는 사또에게 이 좌수가 결정하지 못한다고 알렸어요.
　사또는 하늘 천, 따 지도 모르는 당질이 장가도 들지 못할

★ **매파** : 혼인을 중매하는 할멈.
★ **통혼** : 혼인할 뜻을 전함.

까 염려가 되어 친히 이 좌수를 관아로 불렀어요.

 이 좌수가 동헌으로 들어와 공손하게 고개를 숙여 인사를 했어요.

 "사또, 부르셨습니까?"

 "이 좌수, 어서 오게나. 노심초사 자네를 기다렸다네."

 김 부사는 버선발로 뛰어나와 이 좌수를 반갑게 맞이했어요.

 김 부사는 내아에 진수성찬을 마련해 놓고 이 좌수를 대접했어요. 이 좌수는 사또의 속셈을 간파하고 있었지만 하늘같은 사또가 극진하게 대접하자 마음이 약간 누그러졌어

요. 음식을 먹으면서 술잔이 몇 차례 오고 가자 이 좌수의 얼굴이 홍시처럼 붉어졌어요.

김 부사는 이 좌수의 기분이 좋아지는 틈을 이용해서 슬그머니 용건을 말했어요.

"자네에게 할 말이 있네."

"아! 통혼 말씀입니까?"

"그렇다네. 내가 자네를 부른 것은 그 때문일세. 자네가 아전 출신으로 삼한갑족* 사대부 집안과 사돈을 맺는 것은 가문의 큰 영광이며, 더구나 사돈댁이 김 판서이니 더 말할 것도 없을 것이네."

이 좌수가 곰곰이 생각하다가 실눈을 뜨고 물었어요.

"그렇다 하더라도 무언가 문제가 있으니 중인의 여식에게 혼담을 넣는 것 아니겠습니까?"

"자네가 보면 알겠지만 내 당질은 병신도 고자*도 아닐세. 다만 한 가지 문제가 있다면… 글을 좀 못하는 것 뿐일세."

"글을 못한다고요?"

"그렇다네. 내 당질이 인물이 떨어지는 것도 아니고, 병신도 아니네. 단지 글을 못한다는 이유로 김 판서의 노여움을

★ **삼한갑족** : 예로부터 대대로 문벌이 높은 집안.
★ **고자** : 생식 기관이 불완전한 남자.

사서 집에서 쫓겨나게 된 것이네."

이 좌수가 너털웃음을 지으며 말했어요.

"글이야 좀 못하면 어떻습니까? 병신만 아니면 되지요."

김 부사는 약간 안심이 되었어요.

"그렇다고 사또 나리의 말을 무작정 믿을 수는 없습니다. 왜냐하면 제 여식의 장래가 걸린 일이라서 말입니다. 막말로 혼인을 하고 나면 무를 수도 없는 일이 아닙니까?"

"그래? 그럼 내가 직접 내 조카를 보여 주지."

김 부사가 안국이를 부르더니 이 좌수 앞에 앉히고 대면을 시켰어요.

이 좌수가 가까이에서 안국이의 얼굴을 직접 보니, 뽀얀 피부와 출중한 외모가 보기 드물게 잘생긴 장부였어요. 지금까지 안국이에 대해서 마음에 품었던 근심이 봄눈 녹듯이 사라져 버렸어요.

'인물이 이 만큼 훤칠하고 더구나 판서댁 아들인데 그까짓 글 좀 못하는 것은 흠이 아니지. 사위 덕에 반쪽짜리 양반이라도 되면 나야 좋지. 이거야말로 금상첨화야.'

이 좌수가 이런 생각에 잠겨서 안국이의 얼굴을 멍하니 바라보자 김 부사는 얼른 안국에게 말했어요.

"안국아, 뭣 하느냐? 어서 장인어른께 술을 따르지 않고?"

안국이는 김 부사의 재촉에 술병을 잡고 이 좌수에게 다가갔어요.

"아! 이러면 안 되는데……."

안국이의 훤칠한 용모에 넘어 간 이 좌수는 슬그머니 안국이의 술을 받았어요. 김 부사가 껄껄껄 웃으며 이 좌수에게 말했어요.

"사돈, 이제 우리는 사돈이 된 겁니다."

이 좌수는 안동 부사의 말에 기분이 좋아서 크게 웃으면서 대답했어요.

"아, 좋습니다. 사돈 하십시다."

이렇게 한바탕 소란 끝에 안국이는 이 좌수의 사위가 되었답니다.

안국이의 숨은 재주

　오늘도 안국이는 마루에 드러누워 하늘을 바라보고 있었어요. 방안에서 자수를 놓던 달래가 하던 일을 멈추고 안국이를 바라보며 말했어요.
　"서방님, 하늘만 바라보시지 말고 글공부라도 시작하시는 것이 어때요?"
　안국이는 얼굴을 찌푸리며 손을 내저었어요.
　"글자 이야기는 하지도 마. 글자 생각만 하면 머리가 지끈거린단 말이야. 내가 왜 집에서 쫓겨났는데? 그런 머리 아픈 이야기는 내 앞에서 다시는 하지 마."
　"당신은 개살구라는 소리가 창피하지도 않으세요?"
　"개살구? 장인어른이 하시는 말씀은 다 맞는 말이야. 내가 빛 좋은 개살구가 아니면 안동 같은 촌구석에 쫓겨 와서 살

이유가 있나?"

 손사래를 치는 안국이를 달래가 걱정스런 얼굴로 바라보았어요. 안국이에게 개살구라는 별명이 붙은 것은 다 이유가 있었어요.

 안국이는 달래에게 장가를 들어 이 좌수의 집에서 살게 되었어요. 그로부터 한 달 남짓 되자 김 부사는 한양으로 떠나 버렸지요. 하지만 안국이는 김 부사를 따라 가지 못하고 안동 땅에 홀로 남게 되었어요. 이 좌수는 안국이와 몇 달을 함께 살면서 안국이의 무식함을 알게 되었거든요.

 글자만 보면 경기를 하고 헛구역질을 하는 꼴통 중에 상꼴통, 골빈당이라는 별명이 있다는 것도 알게 되었어요. 하지만 이미 사위가 되었는데 물릴 방법도 없으니 도리가 없었지요.

 이 좌수는 빈둥빈둥 놀면서 상전 노릇을 하는 안국이가 미워서 알게 모르게 구박이 심했어요.

 사위 사랑은 장모라고, 장모 역시 처음에는 안국이의 인물이 출중한 것을 예쁘게 여겼어요. 그러나 하는 짓이 먹고 노는 일이요, 글공부와는 담을 쌓은 백수라서 어여삐 여기던 마음이 그믐달처럼 사라지고 딸의 인생을 걱정하는 마음이 보름달처럼 차올라서 안국이의 구박이 안팎으로 극심했

어요.

"에잇! 빛 좋은 개살구 같으니라고……."

이 좌수는 안국이를 볼 때마다 혀를 찼어요. 이후부터 양반 사위라던 호칭이 개살구가 되었던 것이에요.

이 좌수 역시 김 판서처럼 매일 집안에서 빛 좋은 개살구 사위를 보는 것이 불편했어요. 그래서 마을 변두리에 작은 초가집을 내어 주고 그곳에서 살게 했어요.

이것은 좋게 말하면 분가*이고, 나쁘게 말하면 글을 모른다는 이유로 쫓겨난 셈이지요.

오늘도 안국이는 마루에 네 활개를 펼치고 드러누워 멍한 얼굴로 파란 하늘을 쳐다보고 있었어요.

글을 몰라 쫓겨났을지언정 아득한 타향에서 부모의 모습이 그립지 않을 리가 없지요. 가까이에서 지켜보는 달래도 그 마음을 모르는 바가 아니었어요.

달래는 아무런 내색도 하지 않고 나물을 다듬으면서 노래를 불렀어요.

★ **분가** : 가족의 한 구성원이 주로 결혼 따위로 살림을 차려 따로 나감.

> 해는 산 끝에 걸리고
> 황하는 바다로 흘러든다.
> 천리 밖을 보려면
> 한층 더 올라야 하리라.

안국이가 마루 위에서 힐끔 달래를 바라보며 말했어요.

"맞아! 멀리 보려면 높이 올라가야지. 그거 참 좋은 노래야. 당신이 지은 노래요?"

"아니요. 이 노래는 당나라 시인 왕지환이 지은 시예요."

"시? 그게 시라는 건가?"

"네, 시는 노래로 부를 수도 있어요."

"그렇군. 당나라는 바다 건너 대국을 말하는 것 아니오? 당나라 노래가 바다를 건너 참 멀리도 왔네."

안국이는 길게 한숨을 내쉬며 하늘을 바라보았어요.

"부모님을 생각하시는 거죠?"

달래의 물음에 안국이는 천천히 자리에서 일어나 앉았어요. 그러고는 힘없는 눈으로 달래에게 말했어요.

"글을 몰라서 아버님께 쫓겨났지만 아버님, 어머님이 보고 싶은 것은 사람이라면 당연한 마음이 아니겠소?"

"그럼 내일이라도 한양에 가 보시지 그러세요?"

"당장이라도 달려가고 싶지만 그게 말처럼 쉽지가 않소. 글을 알아야 집엘 갈 텐데, 지금도 책하고 글이란 말만 들으면 가슴이 울렁울렁하고 머리가 지끈지끈 아프단 말이오."

"부모님을 만나시려면 글을 배우셔야 해요. 지금이라도 서당에 가셔서 글을 배워 보시는 것은 어때요?"

안국이는 버럭 화를 냈어요.

"나한테 글소리 하지 말라고 부탁했는데, 또 글소리를 하는 거요?"

안국이는 토라져서 벌러덩 돌아누웠어요. 달래는 빙그레 웃다가 다듬던 나물을 내려놓고 말했어요.

"여보, 재미있는 이야기 하나 해 드릴까요?"

이야기라는 말에 안국이가 몸을 돌렸어요.

"재미있는 이야기?"

"네, 물고기들이 병신이 된 까닭을 아세요?"

"모르지."

달래는 빙그레 웃으며 이야기를 시작했어요.

❝동해 바다에 삼천 년 묵은 멸치 한 마리가 살고 있었어요. 하루는 멸치가 이상한 꿈을 꾸었어요.

꿈속에 멸치가 갑자기 하늘로 올라갔다 내려왔다 하더니,

흰구름이 뭉게뭉게 피어나며 하얀 눈이 펑펑 쏟아졌어요. 그러더니 날씨가 변덕을 부리듯 더웠다 추웠다 하는 것이 아니겠습니까.

멸치가 이상하게 생각하여 주변의 물고기들에게 물어보았지만 아는 이들이 없었어요.

멸치가 몇 날 몇 일을 해몽*을 하느라 궁리하자 낙지가 다가왔어요.

"아룁니다. 서해 바다에 팔백 년 묵은 망둑어가 살고 있다는데, 해몽을 대단히 잘한다고 합니다."

"그래? 그렇다면 어서 서해의 망둑어를 불러오너라."

"하오나 누가 심부름을 가면 좋을지 모르겠사옵니다. 저는 뼈가 없는 허약한 몸이라 삼천 리 길을 다녀오는 것은 어렵습니다."

낙지가 흐물흐물한 다리를 들어 보였어요.

"듣고 보니 그렇구나."

잠시 생각하던 멸치가 물고기들에게 고개를 돌렸어요. 주위에 둘러서 있던 물고기들이 눈치를 보며 슬그머니 딴청을 피웠어요.

★ 해몽 : 꿈에 나타난 일을 풀어서 좋고 나쁨을 판단함.

바로 그때, 가자미가 들어왔어요.

"오! 가자미야, 네가 좋겠구나."

"뭐가요?"

가자미는 영문도 모른 체 멸치에게 물었어요.

"네가 나를 위해 조그마한 심부름을 해 줄 수 있겠느냐?"

"조그마한 심부름이오? 어르신이 시키면 해 드려야죠."

"그래? 수고스럽겠지만 네가 망둑어를 데리러 서해에 좀 다녀와야겠다."

"서해요?"

가자미의 두 눈이 커졌어요.

"남자의 한마디 말은 천 근보다 무겁다 했는데, 너는 방금 심부름을 한다 해 놓고 안 가겠다는 거냐?"

멸치가 헛기침을 하며 눈을 부릅떴어요. 옆에 있던 물고기들이 따지듯이 말했어요.

"가자미야, 한 입으로 두 말 할 테냐?"

물고기들이 너나 할 것 없이

따지니 가자미도 어쩔 수 없었어요.

'아, 망했다. 망했어.'

가자미는 속으로 이렇게 생각했지만 하는 수 없이 멸치의 심부름을 하게 되었어요. 파도 소리가 험한 바다에서 여러 날을 힘겹게 헤엄을 친 가자미는 마침내 망둑어를 만나 동해 바다로 돌아오게 되었어요.

멸치 노인은 화려한 누각에서 술과 음식을 준비하여 망둑어를 맞았어요.

"허허. 반갑소이다."

"고맙습니다. 존장을 이렇게 늦게 찾아뵈어 죄송스럽기 그지없습니다."

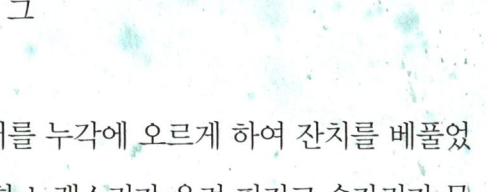

멸치 노인은 망둑어를 누각에 오르게 하여 잔치를 베풀었어요. 아름답고 그윽한 노랫소리가 울려 퍼지고 술자리가 무

르익었지요.

하지만 누각 밖에서 이를 지켜보고 있던 가자미는 속이 상했어요. 멸치 노인에게 속아서 삼천 리 길을 다녀왔는데 고맙다는 한마디 말도 없고, 맛있는 음식도 주지 않는 것이 서운하고 괘씸했던 거예요.

'흥, 어디 두고 보자. 내 단단히 망신을 주고 말테다.'

화가 단단히 난 가자미는 이를 갈았어요.

누각 위에서 멸치와 망둑어 사이에 술잔이 오고 갔어요. 분위기가 무르익자 멸치 노인이 망둑어에게 물었어요.

"사실은 내가 꿈을 하나 꾸었는데 해몽할 사람이 없어서 망둥 공을 불렀소."

"아! 오는 길에 가자미에게 들었습니다. 그것은 두 말할 것도 없는 대길몽입니다."

"대길몽이라고?"

"네, 그 꿈은 장차 멸치님께서 용이 되실 꿈입니다."

"용이 되는 꿈?"

멸치 노인의 두 눈이 휘둥그레졌어요. 망둑어는 두 손을 비비며 말을 이었어요.

"하늘로 올라갔다 땅으로 내려왔다 마음대로 하셨으니 용이 아니고서야 어찌 그럴 수가 있겠습니까?"

"옳거니!"

"또 구름 위를 날다가 마음대로 얼리시면 눈이 되어 쏟아지는 건 당연한 일이 아니겠습니까?"

"그렇지, 그렇지."

"또 때로는 추위와 더위로 천지의 계절을 조정하시니 이것이 용이 되어 조화를 부리실 꿈이 아니고 무엇이겠습니까? 어르신은 삼천 년의 수양을 쌓아 이제는 용이 되실 때가 가까워진 것을 의미하는 것입니다."

"오! 과연."

멸치 노인은 기분이 날아갈 듯 좋아서 망둑어에게 술을 권했어요. 바로 그때였어요.

"잠깐!"

누각 아래에 있던 가자미가 성큼성큼 올라왔어요.

"가자미 녀석. 왜 방정스럽게 어른들의 대화에 나서는 거냐?"

망둑어가 두 눈을 크게 뜨고 말했어요.

"흥. 망둑어 네 녀석의 해몽이 가소롭다."

가자미가 콧방귀를 뀌며 말했어요.

"뭣이?"

망둑어의 두 눈이 튀어나올 듯이 커졌어요.

"네가 나를 무시하나 본 데 해몽할 능력이 있으면 어디 한 번 해 보거라."

"좋다."

가자미는 큰 기침을 한 후에 말을 하기 시작했어요.

"강원도 강릉 바닷가에 사는 피생원이 한양 구경을 나섰어. 휘황찬란한 장안을 구경한 연후에 아기 피라미에게 사다 줄 좋은 선물이 없나 하고 돌아다니던 끝에, 사람을 세워 놓고 코 베어 간다는 한양 장사치에게 속아서 엽전 세 닢을 주고 바늘 한 쌈을 사고 보니 이게 떡바늘이지 뭐야. 바느질을 할 적마다, 한 땀 한 땀 뜰 적마다 끝이 구부러져서 못 쓰겠거든. 그래서 그놈을 구부려서 낚시 바늘을 만들었어. 바늘 끝에 미끼를 끼워 바다에 담가 놓고는 강태공이 세월을 낚듯 기다렸지."

가자미는 다시 한 번 큰 기침을 하고 말을 이었어요.

"그러는데 팔자가 사나운 멸치가 삼천 년을 살다가 그만 죽은 혼이 씌여서 그놈을 덥석 물었겠다."

여기까지 듣던 멸치는 얼굴을 붉히며 소리쳤어요.

"네 이놈."

"어허, 해몽이 아직 끝나지 않았으니 마저 듣기나 하세요."

가자미는 얼굴색 하나 변하지 않고 말을 이었어요.

"피생원이 낚싯대 끝이 묵직해서 올려 채니, 어허 고게 바로 멸치 노인이 하늘 높이 올라갔다 내려갔다 하는 거요, 또 저녁에 석쇠에 옮겨 놓고 굽는데 하얗게 일어나는 것은 연기요, 연기에서 떨어지는 것은 소금이라, 연기가 구름이고 눈이 곧 소금이 아니겠습니까? 불길을 일으키려고 부채질을 할 때마다 불길이 밑에서 올라오니 뜨거운가 하면, 부채질을 할 때마다 찬바람이 일어 차가울 수밖에. 그러니 더웠다 추웠다 하는 것 아니겠소. 삼천 년을 살다가 비명횡사할 그런 꿈을 꾸고 뭣이 어째? 용이 되어 하늘을 날아가? 지나가는 새가 웃을 노릇이군."

멸치는 얼굴이 새파랗게 질려서 자리에서 벌떡 일어났어요.

"네 이놈, 가자미야!"

멸치가 분한 마음에 온 힘을 다해서 가자미의 뺨을 때렸어요.

철썩.

멸치가 어찌나 세게 때렸던지 가자미의 눈이 한쪽으로 모이고 말았지 뭐예요.

"에구, 내 눈이 돌아갔네."

가자미가 뺨을 어루만지다가 놀라 소리쳤어요. 옆에 있던 망둑어는 그 광경에 깜짝 놀라 두 눈이 불쑥 튀어나왔어요. 문어는 마른하늘에 날벼락을 맞은 것 같아서 자기 눈을 떼에 엉덩이에 잽싸게 붙였고, 병어란 놈은 그 꼴이 너무 우스웠지만 차마 웃을 수가 없어서 입을 움켜잡고 웃다 보니 그만 입이 삐죽하게 되고 말았답니다.**"**

안국이는 이야기가 끝나자 목을 젖혀 크게 웃었어요.
"하하하. 멸치가 꾼 꿈 덕분에 물고기들이 떼로 병신이 되었구려."
달래가 빙그레 웃으며 말했어요.
"재미있으셨다니 다행이네요. 내일은 더 재미있는 이야기를 해 드릴 게요."
"정말?"
"그럼요."
다음날, 아침도 먹기 전부터 안국이는 이야기를 기다렸어요. 달래는 안국이에게 이야기를 들려주었어요.

"옛날 중국 북산에 우공이라는 사람이 있었어요. 우공은 90살 가까운 노인이었는데 산이 북쪽을 막아서 사람들의 왕래가 불편한 것을 보고는 집안사람을 모두 불러 놓고 의논을 했어요.

"나는 너희들과 있는 힘을 다하여 험한 산을 깎아 평지로 만들고 예주의 남쪽까지 길을 닦으며, 또 한수의 남쪽까지 갈 수 있도록 하고 싶은데 어떻게 생각하느냐?"

말도 안 되는 이야기에 놀라 우공의 아내가 이렇게 물었어요.

"당신의 힘으로는 작은 언덕도 파헤치지 못할 텐데 태행산이나 황옥산 같은 큰 산을 어떻게 처리하겠습니까? 게다가 파낸 흙이나 돌은 어떻게 처리할 생각입니까?"

우공이 자신 있는 목소리로 말했어요.

"염려 마시오. 동해에 있다는 발해의 구석이나, 동북쪽에 있는 은토의 북쪽에 던져 버리겠소."

터무니없는 이야기에 집안사람들은 우공의 말을 믿지 않았어요. 그러나 우공은 다음날부터 아들과 손자를 이끌고 산을 무너뜨리기 시작했어요. 자식들과 손자들은 우공의 고집과 뜻을 꺾을 수 없어서 산을 무너뜨리는 일을 할 수밖에 없었지요. 그 소문을 들은 하곡의 지수가 우공을 찾아와 말렸어요.

"당신은 정말 바보 같은 사람이오. 늙은 나이에 쇠잔한 힘

으로는 산 위의 나무 한 그루도 무너뜨리기 어려운데 사방 7백 리, 높이가 1만 길이나 되는 태행산의 흙과 돌을 어떻게 처리하겠다는 것이오? 이제라도 그만두시오."

우공이 깊은 한숨을 쉬며 이렇게 말했어요.

"당신과 같이 소견이 좁은 사람은 어쩔 수가 없군요. 내가 죽는다 할지라도 아이들은 남으며, 그 아이들에게 손자가 생기고, 손자는 또 어린애를 낳고, 그 손자는 다시 어린애를 낳아 자자손손 끝나는 일이 없을 것이오. 내가 살아 있는 동안 이 산을 깎지 못할 수는 있지만 언젠가는 이 산이 깎여서 평평하게 될 것이오."

우공이 꿋꿋하게 자손들을 데리고 산을 깎았어요.

이 산의 신이 우공의 말을 듣고는 우공의 고집을 두렵게 생각하여 천제에게 호소를 했어요.

"우공의 고집이 대단하여 장차 태행산을 무너뜨릴 기세니 어찌하면 좋습니까?"

"인간 가운데 포기를 모르는 굳은 마음을 가진 자가 있다니 놀라운 일이다."

천제는 우공에게 감동하여 태행산과 왕옥산을 업어다가 하나는 삭북의 동쪽에 놓고, 또 하나는 옹주 남쪽으로 옮겨 놓았답니다. 그로부터 기주 남쪽과 한수의 남쪽에 걸쳐 있던 높은 산이 없어지게 되었어요."

집중해서 듣고 있던 안국이가 웃으면서 말했어요.
"재미있는 이야기도 참 잘 지어내시오."
"호호호. 우공이 산을 옮긴 이야기는 옛날부터 전해 내려오는 고사랍니다. 서방님께서도 부모님이 보고 싶으시다면 우공과 같은 고집을 한번 부려 보시는 것은 어떠세요?"
안국이는 그 말을 듣고 곰곰이 생각하다가 손을 내저었어요.
"결국 이야기의 목표가 나였어. 까만 글자만 보면 머리가 아프고 구역질부터 나려 하니 난들 방법이 있겠소? 당신 이야기는 잘 들었소."
달래는 다음날도 그 다음날도 재미있는 이야기를 안국이에게 들려주었어요. 글공부와 담을 쌓은 안국이지만 이야기는 좋았어요. 그래서 저녁마다 달래의 곁에 누워서 이야기 듣는 것을 즐겼어요. 그렇게 일 년이 꼬박 지나갔어요.

소년은 늙기 쉽고 학문은 이루기 어렵네.
찰나의 시간도 가볍게 여기지 마라.
연못가의 봄풀은 꿈에서 깨지 못했는데
뜰 앞의 오동나무 가을 소리 전하네.

달래가 수를 놓으며 부르는 노래를 멍하게 듣던 안국이가 물었어요.
"그거 참 듣기 좋은 노래군. 당신이 지은 거요?"
"아니요. 이 노래는 송나라 학자인 주희가 지은 시예요."
"주희? 송나라도 바다 건너 대국이지?"
"네, 지금은 명나라로 바뀌었지요."
"당신은 아는 것도 참 많아. 오늘은 재미있는 이야기가 없나? 재미있는 이야기 하나만 들려줘."
안국이가 아이처럼 조르자 달래는 자수 놓던 것을 정리하면서 물었어요.
"서방님, 항우와 유방을 아세요?"
"내가 글은 모르지만 이 나이가 먹도록 들은 풍월이 적지 않는데 한나라를 세운 한고조 유방과 산을 뽑아 든다는 천하장사 항우를 모를까?"
달래가 아주 기쁜 미소를 지으며 말했어요.

"그럼 사면초가*라는 고사도 아시겠네요?"

"사면초가? 내가 글은 몰라도 들은 이야기는 잊어버리지 않아요. 내 이야기를 들어 보시오."

안국이가 이야기를 시작했어요.

"옛날 천하를 통일한 진시황이 죽고 진나라가 망하자 천하의 영웅들이 들고 일어났지. 그때 천하에 이름난 영웅이 두 사람 있었어. 하나는 산을 뽑는 천하장사 항우고 또 하나는 한고조 유방이야. 항우는 초나라의 귀족인데 진나라가 망하자 강남의 자제들을 이끌고 어렵지 않게 초 왕이 되었지. 유방은 힘도 없고 놀기 좋아하는 한량이었지만 운이 좋고 덕을 쌓아서 마침내 한 왕의 자리에 올라 항우와 천하를 다투게 되었어."

이야기를 듣던 달래의 눈이 휘둥그레졌어요. 안국이의 이야기는 계속되었어요.

"두 사람은 초 왕과 한 왕이 되어 5년 동안 패권을 다투었어. 항우는 누구보다 힘이 세었지만 유능한 인재를 등용하는 유방의 덕을 이겨낼 수 없었어. 오랜 싸움 끝에 항우는

★ **사면초가** : 四面楚歌, 아무에게도 도움을 받지 못하는, 외롭고 곤란한 지경에 빠진 형편을 이르는 말. 초나라 항우가 사면을 둘러싼 한나라 군사 쪽에서 들려오는 초나라의 노랫소리를 듣고 초나라 군사가 이미 항복한 줄 알고 놀랐다는 데서 유래한다.

유방과 천하를 양분하기로 했지. 하지만 그것은 유방의 부하인 장량과 진평의 계략이었어. 항우는 그것도 모르고 강동으로 돌아가다가 해하에서 한신이 지휘하는 한나라 군사들에게 포위되고 말았어. 사방에서 벌 떼처럼 달려드는 한나라 군사들을 막으며 항우의 군대가 남쪽으로 내려갈 때 초나라의 군사들은 지칠 대로 지쳐 있었어. 밤이 되어 지친 초나라 군사들이 쉬어 가려고 할 무렵 사방에서 노랫소리가 들려오는 거야. 장막에서 쉬고 있던 항우는 깜짝 놀랐지. 초나라의 병사들이 자신에게 등을 돌렸다고 생각한 거야. 엎친 데 덮친 격으로 전쟁에 시달리던 초나라 병사들은 그리

운 고향의 노랫소리를 듣게 되자 고향 생각에 하나둘 도망가기 시작했어. 항우는 외톨이가 되었지. 그것이 사면초가라는 것 아니겠어?"

안국이는 잘난 척 으스대며 말했어요. 달래는 안국이의 숨은 재주에 깜짝 놀랐지만 내색하지 않고 말했어요.

"그 이야기는 누구에게 들었어요?"

"느티나무 아래에서 장기 두는 할아버지에게 들었지. 장기의 말이 초하고 한으로 나뉜 게 그것 때문이라더군."

"그 다음 이야기를 아세요?"

"알지. 항우는 결국 죽고 유방이 천하를 통일했다지?"

"항우가 어떻게 죽었는지 아세요?"

"아니. 거기까지는 못 들었어."

안국이는 도리머리를 흔들었어요.

"그럼 그 이야기를 해 드릴 게요."

달래가 이야기를 시작했어요.

"사방에서 들려오는 노랫소리를 듣고 항우는 모든 게 끝났다고 생각했어요. 그래서 모든 것을 정리하려는 생각으로 이별 잔치를 열었어요. 항우의 군중에는 우미인이라는

★ 총희 : 특별한 귀여움과 사랑을 받는 여자.

총희*와 하루에 천리를 달리는 '추'라는 명마가 있었지요. 항우는 우미인이 따르는 술잔을 앞에 놓고 옛일을 생각하니 불현듯 쓸쓸한 마음이 들어 그 마음을 시로 읊었어요."

달래가 목청을 가다듬더니 노래를 불렀어요.

> 힘은 산을 뽑고 기운은 세상을 뒤덮는다.
> 때는 불리하고 추는 가지 않는구나.
> 추가 가지 않으니 어찌할 것인가!
> 우미인아, 우미인아 너는 또 어찌할 것이냐?

"듣고 있던 우미인도 옥구슬 같은 눈물을 뚝뚝 흘리면서 이렇게 노래를 불렀어요."

달래는 또 다시 노래를 불렀어요.

> 한나라의 병사들이 이미 땅을 차지해
> 사방에는 초나라의 노랫소리로 가득하네.
> 대왕의 의기가 다 되었으니
> 천첩이 어찌 살아남으리오.

이번에는 아주 높고 가느다란 여자의 음성이었어요.

안국이는 무엇에 홀린 듯 달래를 바라보았어요. 달래는 노래를 마치자마자 다시 이야기를 이었어요.

"우미인의 노래가 끝나자 기세가 등등한 항우의 얼굴에 몇 줄기 눈물이 흘러내렸어요. 항우와 같이 있던 군사들도 슬픔에 겨워 고개를 드는 사람이 없었지요. 슬픈 기운이 장막 안을 채우고 고요한 정적이 흘렀어요. 바로 그때였어요. 항우의 품속에서 울던 우미인이 갑자기 항우의 칼을 뽑아 자결을 했어요."

"저런."

안국이는 얼굴을 찌푸렸어요.

"아끼던 우미인이 자결하자 항우는 모든 것이 부질없다는 생각이 들었어요. 생각해 보세요. 어제까지 손아귀에 있던 천하가 기러기처럼 날아가고, 사랑하던 우미인까지 연기처럼 사라졌으니 세상에 터럭만한 정이 남아 있겠어요? 촛농 같은 눈물을 뚝뚝 흘리며 우미인을 부르짖던 항우도 그 자리에서 자결해 버렸지요. 그로 인해 천하는 유방의 손아귀로 들어가고 말았답니다."

이야기를 듣고 있던 안국이는 달래를 뚫어지게 바라보다가 물었어요.

"그런데 궁금한 게 있어. 당신이 들려주는 재미난 이야기와 노래는 대체 어디에서 나오는 거요? 일 년 삼백 육십 오일을 나와 함께 있는데 대체 어디서 이야기와 노래가 나오느냐 이거요? 나보다도 자세하게 알고 있는 것을 보면 장기 두는 할아버지에게 들은 것 같지는 않고……. 무슨 요술이라도 쓰는 거요? 대체 그런 이야기나 노래는 누구에게 들은 거요?"

달래가 빙그레 웃으며 말했어요.

"모두 책에 나오는 이야기랍니다."

안국이의 두 눈이 휘둥그레졌어요.

"거짓말 마시오. 하늘 천, 따 지 같은 따분한 글자가 있는 책에서 그런 노래와 이야기가 나온단 말이오."

"책이 아니라면 제가 어떻게 항우와 우미인의 이야기를 알겠어요? 책이 아니라면 제가 어떻게 왕지환과 주희의 시를 알겠어요? 책에는 이야기나 노래, 역사와 전설까지 우리가 알고 싶은 모든 것이 기록되어 있답니다."

"거짓말."

"서방님, 제 말을 들어 보세요. 서방님이 싫어하는 글자는 옛날부터 전해 내려오는 이야기들을 기록하는 수단일 뿐이에요. 옛사람이 글자를 만든 것은 옛날이야기나 전해 오는 노래나 시, 성현의 말씀을 기록하려는 것이에요. 저는 어릴 적부터 글자를 배우고 익힌 까닭에 책을 많이 읽었고, 책에 나오는 이야기들을 서방님께 들려주었을 뿐이에요. 제가 일 년 동안 들려준 이야기들도 모두 책에서 본 것이에요. 장기를 두는 할아버지의 이야기가 저만큼 자세하지 못한 것은 입으로 전해져 왔기 때문이에요. 서방님도 책으로 직접 본다면 자세하게 알 수 있을 거예요."

안국이의 입이 쩍 벌어졌어요.

"그, 그게 정말이오?"

"그렇고 말고요. 글을 배울 때 천자문부터 배우는 것은 모두 옛날이야기나 성현의 말씀이 적힌 책을 읽기 위해서랍니다. 제가 입으로 말하고 당신이 듣는 것을 적어 놓기만 하면 그것이 모두 글이랍니다."

"아! 그것이 글이라니……."

안국이는 무릎을 치며 탄식했어요.

"나는 이제껏 하늘 천 따 지 같은 것만 글인 줄 알았소. 생각해 보시오. 몇 천 권 몇 만 권이나 되는 글자를 어떻게 전부 배우고 외울까? 나는 이런 생각만 해도 가슴이 울렁거리고 답답했소. 그래서 글을 보기만 하면 경련을 할 지경이었소. 더구나 아버님께서는 밤하늘의 별처럼 헤아릴 수 없는 글을 배우라고 매일 닦달하시니 내가 어떻게 견딜 수 있었겠소. 그런데 오늘 당신의 말을 들으니 글은 옛날이야기나 노래를 기록해 놓은 것임을 알 것 같소."

"그럼 지금부터라도 글자를 공부해 보시겠어요?"

"어려울 것 없지. 우공은 마음만 먹고도 태행산과 황옥산을 옮겼는데 그까짓 글자 공부하는 것이 어려울까?"

달래의 두 눈이 동그래졌어요.

"당신이 우공이산을 아세요?"

"이 사람, 아까도 이야기했지만 난 글자를 모를 뿐이지 한 번 들은 것은 잊어버리지 않아요."

달래는 너무 기뻐서 손뼉을 치며 말했어요.

"서방님, 이러고 있을 것이 아니라 공부를 하기로 마음을 먹었으니 당장 시작해 봅시다. 글자를 알아야 재미있는 내용이 가득한 책을 읽을 수 있으니 말이에요."

글공부

쇠뿔도 단김에 뺀다고 안국이는 그날부터 달래와 글공부를 했어요. 달래는 안국이가 싫어하는 천자문 대신에 언문이라고 불리던 한글을 먼저 가르쳤어요.

"한글은 세종 대왕께서 백성들을 위해 만드신 글자랍니다. 자음과 모음이 몇 개 되지 않아서 배우기도 쉬워요."

달래는 헛간에서 낫을 가져왔어요.

"서방님, 이게 무슨 글자인지 아세요?"

"어릴 적 서당 친구들이 낫 놓고 기역자도 모른다고 하더군. 그게 기역이야?"

"맞아요. 이걸 기역이라고 해요."

달래는 종이 위에 낫을 놓고 옆에 ㅏ(아) 자를 썼어요.

가

"이게 무슨 글자인지 아세요?"

"몰라."

안국이는 고개를 저었어요.

"가라는 글자예요. 기역에 ㅏ(아)가 붙어서 '가' 라는 글자가 됐어요."

"기역에 아가 붙어서 가?"

안국이는 달래가 쓴 글자를 뚫어지게 보다가 말했어요.

"'가' 라면 '가라' 는 말인가?"

"이를테면 그렇게 쓰일 수도 있지요."

안국이는 붓을 들어 글자를 썼어요.

가가

그러고는 달래에게 물었어요.

"'그 녀석이냐?' 라는 뜻이 맞아?"

"맞아요."

"호, 이거 신기한데?"
안국이는 또 글자를 썼어요.

가 가 가

"'그 녀석이 가냐'는 뜻이야. 맞아?"
달래는 손뼉을 치며 말했어요.
"맞아요."
"오, 이거 재미있는데?"

안국이는 또 글자를 썼어요.

가가가가가

달래가 고개를 갸웃거리며 물었어요.
"이건 무슨 뜻인가요?"
"'그 녀석이 가 씨냐'는 뜻이야."
"호호호. 맞아요."
"이건 말을 그대로 쓰면 되는 거잖아. 한글이라는 것, 색시 말처럼 어렵지 않은데?"
"그래요. 한글은 세종 대왕께서 우리가 입으로 하는 말을 글자로 옮겨 놓은 것이에요. 그래서 배우기 쉽고 익히기 쉬운 문자지요."
"좋아. 한글이라면 나도 쉽게 익힐 수 있을 것 같아."
안국이는 달래에게 자음과 모음을 배우고 얼마 되지 않아 한글을 읽을 수 있었어요.
"'가'라는 글자에 'ㅇ'을 붙여주면 '강'이 되지?"
"네."
"'다'라는 글자에 'ㄹ'을 붙여주면 '달'이 되지?"
"네."

"'이' 라는 글자에서 'ㅂ'을 붙여주면 '입'이 되지?"
"그래요. 잘 하셨어요."

안국이는 기분이 좋아서 하늘로 날아갈 것만 같았어요. 한글은 소리를 글로 옮긴 것이어서 소리 나는 대로 써 주기만 하면 돼요.

안국이는 자신의 이름과 달래의 이름, 모든 사물의 이름을 한글로 적을 수 있게 되었어요. 또 입으로 하는 말을 글자로 옮기기만 하면 문장이 된다는 것도 알 수 있었어요.

장인어르신 기침하셨습니까?

"내가 장인어른께 하는 아침 인사가 이거지?"
"네."

안국이는 남자고 달래는 여자다.
안국이는 서방님이고 달래는 아내다.

"맞지?"
"네, 잘 쓰셨어요."

안국이는 기분이 우쭐했어요.

"뭐가 이렇게 쉬워?"

달래가 말했어요.

"만약 서방님이 한글을 배우지 않았다면 어땠을까요? 한글이 이렇게 쉽다고 생각할 수 있었을까요?"

"아니, 한글을 배우지 않았다면 평생 몰랐을 거야."

"맞아요. 그래서 천 리 길도 한 걸음부터라고 하는 거예요. 당신이 처음부터 한글을 배울 생각을 하지 않았다면 한글이 쉽다고 생각하지 못했을 거예요. 하지만 차근차근 공부를 하니 어렵던 것들이 쉬워졌잖아요."

"당신 말이 맞아. 나는 빨리 한글을 배워서 재미있는 책들을 많이많이 읽고 싶어."

"재미있는 책들이 읽고 싶다고 하셨죠?"

"그럼. 내가 무엇 때문에 글공부를 하는데? 나는 당신이 보았던 재미있는 책들을 읽고 싶은 마음뿐이야. 나도 이제 웬만큼 한글을 읽고 쓸 수 있으니까 한글책이 있다면 보여 줘."

달래는 가지고 있던 한글 소설들을 안국이에게 보여 주었어요. 삼국지연의와 수당지 같은 소설책들이었어요. 안국이는 그 책을 읽고 또 읽었어요.

"아, 이거 너무 재미있군. 그런데 한글로 된 책은 더 없나? 더 읽고 싶어."

"한글으로 된 책은 많지 않아요. 옛날부터 한문을 써 왔기 때문에 사람들은 한문을 진짜 글이라고 해서 진서라고 숭상하고 한글은 천하게 생각하지요."

"참 안타까운 일이군. 이렇게 쉬운 우리말을 두고 어려운 한문을 쓰다니 말이야. 한글로 옮겨 놓으면 얼마나 좋아?"

"하지만 한문으로 된 책은 많아요."

안국이는 얼굴을 찌푸렸어요.

"삼국지연의와 수당지 같은 책은 한문책인데 한글로 번역한 것이에요. 더 자세한 내용을 알고 싶으면 반드시 한문을 배우셔야 해요."

"이거 미치겠군. 더 자세한 이야기들을 읽고 싶지만 한문은 보기만 해도 겁이 난단 말이야."

"한문도 그 근원을 자세히 살펴보면 말을 글자로 표현해 놓은 것뿐이에요. 한글처럼 소리 나는 대로 쓸 수는 없지만 단어를 많이 알면 한문도 어렵지 않아요."

"한문을 배운다는 생각만 해도 눈앞이 깜깜해."

안국이는 울상이 되었어요.

달래는 빙그레 웃으며 말했어요.

"너무 두려워 마세요. 글자일 뿐이에요. 한자는 아주 오랜 옛날 창힐이라는 고대 중국 사람이 새와 짐승의 발자국을 본떠서 처음으로 만들었다고 해요."

달래는 하늘 가운데 있는 해를 가리키다가 땅바닥에 둥근 원을 그리고 가운데 점 하나를 찍었어요.

그림을 물끄러미 내려다보던 안국이가 퉁명스럽게 물었어요.

"이게 뭐야. 이런 한자도 있어?"

달래가 빙긋 웃으며 말했어요.

"옛날 사람들은 천제의 아들인 세 발 까마귀가 해가 되어 날아다닌다고 생각했어요. 그래서 하늘 가운데에 점 하나가 있어요. 이것을 한자로 표현하면 이렇게 되지요."

달래는 땅바닥에 글자를 썼어요.

"이것을 '날 일' 자라고 해요."

"어? 이거 신기한데?"

"그럼 달은 어떻게 쓰는 거야?"

"옛날 사람들은 달 속에 옥토끼가 있다고 생각했어요. 옥토끼 두 마리가 방아를 찧는다고 이렇게 표현했답니다."

달래는 바닥에 그림을 그렸어요.

"이게 '달 월'이야? 쉬운데?"

"산의 모양은 또 어떻고요."

달래는 바닥에 그림을 그렸어요.

안국이는 이마를 치며 말했어요.

"맙소사. 이게 산이라는 글자란 말이지."

"네, 산의 모양을 그대로 그려 넣은 것이랍니다."

"당신 말을 듣고 보니 한자도 어렵지 않을 것 같은데?"

"그래요. 한자는 외워야 할 글자가 많지만 이렇게 이치를 깨달아 가면서 익히면 한글과 다를 바가 없어요. 그러니 자신감을 가지고 배워 보세요. 그렇게 하면 당신이 좋아하는 이야기를 마음껏 읽을 수 있을 거예요."

"좋아. 이걸 익히면 내가 좋아하는 책을 마음껏 볼 수 있단 말이지."

안국이는 그날부터 천자문을 배우기 시작했어요. 하지만 오랫동안 싫어하던 글자 공부가 처음부터 잘될 리가 없었어요. 더구나 한자는 외우는 것이 많아서 싫증을 수시로 냈어요.

"산이나 해, 달 같은 것은 쉬웠는데 점점 더 글자가 많아지니 머리가 어지러워."

달래가 웃으면서 안국이를 다독거렸어요.

"서방님, '배울 학'(學) 자가 무엇 때문이 이렇게 복잡한지 아세요?"

"당연히 모르지."

"잘 보세요."

달래는 붓에 먹을 적셔 종이 위에 그림을 그리며 이야기를 했어요.

"가운데 책상이 있지요? 책상 앞에 아이가 앉아서 두 손으로 모르는 것을 만지고 있어요."

"어, 정말 그렇네. 이것이 배울 학이라는 글자야?"

"네, 사람은 모르는 것을 배우지요. 알면 배울 일이 뭐가 있겠어요?"

"맞아. 알면 배울 일이 없지."

"모르니까 당연히 어려운 거예요. 당신이 어려워하는 것은 당연해요. 하지만 한글을 배울 때처럼 열심히 하면 한자도 어렵지 않을 거예요."

"정말 그럴까?"

"제가 몇 글자 더 가르쳐 드릴 게요."

달래는 종이 위에 '나무 목'(木)이라는 글자를 썼어요.

"이게 무슨 글자죠?"

"이건 나무 목이잖아?"

"그럼 여기에 나무가 하나 더 있으면 뭐가 되나요?"

달래는 글자 하나를 더 썼어요.

고개를 갸웃거리며 바라보던 안국이가 말했어요.

"이거? 나무 둘."

달래는 웃음을 참으며 부드럽게 말했어요.

"틀린 말은 아니에요. 이건 상징적인 건데 나무가 많다고 해서 '수풀 림'(林)이라고 해요."

"아! 수림할 때 쓰는 '수풀 림'."

"맞아요. 그럼 이 말은 또 뭘까요?"

달래는 '수풀 림' 위에 '나무 목'을 하나 더 썼어요.

"엉? 이건 또 뭐야? 나무가 굉장히 많다는 뜻 같은데……."

"맞아요. 이건 나무가 많다는 의미로 '빽빽할 삼'(森)이라고 하지요. 나무가 많이 서 있는 모양입니다. 나무가 많은 산을 '삼림'이라고 부르는 것은 바로 이 한자에서 비롯됐어요."

"오! 신기하군."

"그럼 이 글자는 어떤 뜻인지 아세요?"

달래가 그림을 그렸어요.

"나무 아래에 사람이 있네. 이게 무슨 뜻이지?"

"더운 여름날 커다란 느티나무 아래에 사람들이 모여 뭘 하나요?"

"더위를 피해 쉬지 뭘 하겠어?"

"맞아요. 이건 '쉴 휴'(休)라는 글자예요."

달래는 그림 옆에 글자를 썼어요.

"어? 정말이네. 이거 신기한데?"

"그럼 이 글자는 무슨 뜻인지 한번 맞춰보세요."

달래는 종이 위에 글자를 썼어요.

글자를 뚫어지게 바라보던 안국이가 더듬거리며 말했어요.

好

"'계집 녀'와 '사내 남'이잖아. 이게 무슨 뜻이지?"

"잘 생각해 보세요. 여자와 남자가 함께 있으면 무슨 뜻일까요?"

잠시 생각하던 안국이가 씩 웃으며 말했어요.

"여자와 남자가 함께 있으면 좋지."

"맞아요. 이 글자는 '좋을 호'(好) 자예요."

안국이의 두 눈이 휘둥그레졌어요.

"저, 정말?"

"네, 정말이에요. 여자와 남자가 함께 있으니 서로 좋아하는 감정이 생기잖아요."

"당신과 나처럼?"

달래는 부끄러워서 두 볼이 빨갛게 변했어요.

"좋아. 그럼 이번에는 내가 글자 문제를 내 볼까?"

안국이는 달래에게 붓을 빼앗아 종이 위에 글자를 썼어요.

"이게 무슨 글자인지 알겠어?"
달래는 고개를 갸웃거리며 말했어요.
"이런 한자도 있나요?"
"잘 생각해 봐. 우물(井) 가운데 돌멩이 하나가 떨어지니 어떻게 되겠어? 바로 '퐁당 퐁' 자지."
안국이가 어깨를 으쓱거렸지요.
"호호호. 당신은 정말 엉뚱하시네요."
달래는 기가 막히기도 하고 신통하기도 해서 입을 가리고 한참을 웃었어요. 안국이도 행복하게 웃는 달래를 바라보며 덩달아 웃었어요.

안국이는 달래 덕분에 싫증을 내지 않고 한자 공부를 계속했어요. 한자를 외우는 것은 처음에는 어려웠지만 아는 글자가 차츰 늘어나면서 공부가 점점 더 쉬워졌어요. 그리고 아는 글자가 많아지면서 안국이의 머리를 아프게 했던 공부에 재미도 생겼어요.

어느 날 안국이가 자수를 놓고 있는 달래에게 다가가 말했어요.

"용 세 마리가 함께 서 있는 글자가 무슨 뜻인지 아는가?"

"용 세 마리가 함께 서 있어요?"

"빽빽할 삼(森)은 나무가 세 개 서 있고, 간사할 간(姦)은 여자가 세 명 서 있잖아. 용 세 마리가 서 있는 글자가 있더군."

안국이는 종이에 글자를 썼어요.

물끄러미 바라보던 달래가 물었어요.

"이게 무슨 뜻이에요?"

"용이 간다는 뜻으로 '용갈 답'이라 해. 그럼 용 세 마리 위에 구름이 세 개 떠 있는 것은 무슨 뜻인지 알아?"

"그런 글자가 있어요?"

"내가 없는 글자를 물었을까?"

안국이는 종이에 글자를 썼어요.

"이건 무슨 뜻이에요?"

안국이가 웃으며 말했어요.

"호랑이는 바람을 타고, 용은 구름을 타고 간다고 하지? 용 세 마리가 구름 세 조각을 타고 사이좋게 간다고 '하늘을 나는 용' 이라고 해."

"저는 이런 글자가 있는지 몰랐어요."

"이 뿐만이 아니야. 용 네 마리가 있는 글자도 있지."

"어머, 용이 네 마리나 있는 글자도 있어요?"

달래의 두 눈이 놀란 토끼처럼 동그랗게 되었어요.

"그럼, 있지."

안국이는 어깨를 으쓱하며 글자를 썼어요.

龖龖

"서방님, 이건 무슨 뜻인가요?"

"용은 대단한 영물이지만 네 마리가 모이면 무척이나 시끄러운 모양이야. '말 많을 절' 자라고 해."

"호호호. 어디서 이런 글자를 찾으셨어요?"

"책을 열심히 봤더니 이런 희한한 글자가 나왔어. 어디 이뿐인가?"

안국이는 붓에 먹을 듬뿍 묻히더니 종이에 글자를 썼어요.

"이건 무슨 글자일 것 같소?"

"모르겠어요. 저도 처음 보는 글자예요."

"이건 나도 처음 본 글자인데 '국수' 라는 뜻을 가지고 있어."

"국수요?"

"응, 국수라는 글자에는 유래가 있어. 옛날 진시황이 국수를 먹었는데 그 맛이 기가 막혔어. 국수를 다 먹고 나서 진시황이 곰곰이 생각해 보니 이렇게 맛있는 국수를 백성들과 함께 먹는다는 것이 배가 아프더래. 그래서 백성들이 국수를 먹지 못하도록 글자를 알아볼 수 없게 만들었다지 뭐야?"

"호호호. 진시황은 욕심이 많은 황제였군요."

"그러게. 이런 글자에서 수천 년 전에 살았던 진시황의 욕심을 볼 수 있다니 정말 놀라운 일이야."

"맞아요. 저는 무엇보다 당신이 천자문을 다 떼고 이렇게 어려운 글자까지 외우니 정말 대단해 보여요."

"뭘, 이 정도 가지고……."

안국이에게 칭찬을 하던 달래가 말했어요.

"당신이 수수께끼를 내셨으니 이번에는 제가 문제를 내 볼까요?"

"그거 좋지."

안국이는 팔짱을 끼고 달래를 바라보았어요.

달래가 빙그레 웃으며 말했어요.

"입이 하나이면 짖어대고, 입이 둘이면 울어대고, 입이 없으면 집을 지키는 것은 뭘까요?"

"엉? 그, 그게 뭐지?"

"'개 견'(犬)이에요."

"나는 무슨 말인지 통 모르겠어."

"잘 보세요."

달래가 글자를 썼어요.

犬 吠 哭

글자를 물끄러미 바라보던 안국이는 이마를 치며 웃었어요.

"정말이네. '개 견'에 '입 구' 하나가 붙으니 '짖을 폐'가 되고 두 개가 붙으니 '울 곡'이 되잖아. 정말 신기하고 재미있네. 다른 문제는 없어?"

달래가 웃으면서 말했어요.

"두 사람이 뿔 달린 모자를 쓰고 십자가에 올라간 것을 뭐라고 할까요?"

"잘 모르겠는 걸?"

"호호호. 잘 보세요."

달래가 글자를 쓰면서 말했어요.

"두 사람이니까 '사람 인'이 둘이죠. 십자가에 올랐으니 아래에 '열 십'자를 써요. 그리고 사람의 머리에 뿔 달린 모자가 있으니 어때요?"

"엉? 이건 '죽을 졸'이라는 글자네."

"맞았어요. '죽을 졸'이라는 글자에요. 그럼 해와 달을 담고 있는 엄청나게 큰 그릇의 이름은 뭘까요?"

"해와 달을 담은 그릇이라……."

잠시 생각하던 안국이가 종이 위에 글자를 썼어요.

"혹시 '맹세할 맹'자가 아닌가? 해와 달을 '그릇'(皿)이 담고 있잖아."

"맞아요. 서방님은 정말 똑똑해요."

"똑똑하긴 당신이 불러준 대로 써 본 것뿐이야. 글자를 나누고 붙이니 정말 재미있는 수수께끼가 되네."

"그렇죠? 이건 글자를 깨뜨리거나 쪼갠다고 해서 파자(破

字), 탁자(坼字)라고 해요. 이번에는 다른 문제를 낼 테니 풀어보세요."

"좋아, 좋다고."

"주인은 산 위의 산이고, 손님은 입속의 입이다. 이것이 무슨 뜻인지 아세요?"

안국이는 뜻밖의 질문에 머리를 갸웃거렸어요.

"주인이 산 위의 산이고 손님이 입속의 입이라니? 아무리 생각을 해봐도 모르겠어. 그게 대체 뭐야?"

"잘 보세요."

달래는 붓에 먹을 적셔서 종이에 글자를 썼어요.

$$山 + 山 = 出$$

"산 위에 산이라면 '나갈 출'(出)자가 아닙니까?"

"어? 그러네."

안국이의 두 눈이 휘둥그레졌어요. 달래가 그 옆에 다시 글자를 썼어요.

$$口 + 口 = 回$$

"입속의 입이라면 입 구에 입 구가 들어가니 '돌아갈 회' (回)가 아닙니까? 합쳐 보면 주인이 집을 나가서 손님이 돌아갔다는 뜻이지요."

안국이는 안타까운 듯 얼굴을 찡그렸어요.

"맞아. 당신이 이야기한 것처럼 했다면 쉽게 답을 찾았을 텐데 정말 아쉬워. 다른 건 없어?"

달래가 방긋 웃으면서 말했어요.

"옛날에 가가은이란 사람이 일곱 살 때부터 신동 소리를 들었답니다. 하루는 할아버지가 느티나무를 가리키며 뒤에 있는 나무가 무슨 나무인지 아느냐? 하고 물었답니다. 가가은이 뭐라고 대답했을 것 같아요?"

"그거야 느티나무라고 했겠지."

"신동 소리를 듣는 아이의 대답치고는 너무 단순하다고 생각하지 않으세요?"

"그럼 대체 뭐라고 대답했는데?"

"소나무라고 대답했지요."

"왜 그렇게 터무니없는 대답을 했을까?"

달래는 붓으로 글자를 썼어요.

$$木 + 公 = 松$$

"나무(木)에 어르신(公)이 합쳐 있으니 소나무(松)가 아닙니까?"

안국이는 손뼉을 치며 웃었어요.

"하하하. 맞는 말이야. 나무 '목' 과 어르신 '공' 을 합하면 '소나무 송' 이지. 글자를 붙이니 신기한데?"

"그럼요. 아직 이야기가 덜 끝났는데 그만 할까요?"

"아니, 아니. 재미있으니 계속해요."

달래가 이어서 말했어요.

"이번에는 다른 사람이 그 말을 듣고 가가은에게 똑같이 물었답니다."

"이번에도 소나무라고 했겠지?"

"아니요. 가가은이 그 사람의 얼굴을 살피더니 홰나무라고 대답하더랍니다."

"홰나무? 왜?"

달래가 먹에 붓을 적셔서 종이에 썼어요.

木＋鬼＝槐

"나무에 잡귀(鬼)가 붙어 있으니 홰나무(槐)이지요."

안국이는 손뼉을 치며 웃었어요.

"하하하. 아마도 그 사람의 얼굴이 귀신같았나 보군."

안국이가 글자에 관심을 가지고 재미를 붙인지 얼마 되지 않았지만 어려운 글자와 많은 단어를 알게 되었어요.

특히 안국이는 파자에 흥미를 느껴서 단어를 떼었다 붙였다 하며 재미있는 문장을 만들어서 아내를 놀라게 했어요.

한간문중월　閒看門中月

한가로이 문 가운데 달을 보다.

"어머, 이건 한가로울 '한'(閒)을 파자한 문장이군요. 문(門) 가운데(中) 달(月)이 있으니까요."

"알고 있었어? 그럼 당신이 이 시의 대구를 만들어 봐."

"전 그 정도로 재주가 뛰어나지 않아요. 그런데 당신이 이 문장을 만들었어요?"

"그럼. 내가 만들었지."

"이런 문장을 만든 것만 해도 정말 대단하세요."

"이게 대단한 거야?"

"그럼요. 이런 시를 지을 수 있는 것만 해도 대단한 걸요. 이런 시의 대구를 다는 것은 아무리 공부를 많이 해도 어려운 일이에요."

"그래? 난 벌써 대구를 만들었어."

"이 시의 대구가 있다고요?"

"그래, 잘 봐."

안국이는 종이 위에 글자를 썼어요.

사경심상전　　思耕心上田
생각은 마음속의 밭을 간다오.

달래가 바라보니 과연 대구가 되는 시였어요. 생각할 '사'(思)를 파자하면 마음(心) 위(上)에 밭(田)이 있으니까요.

"서방님, 이런 파자 시는 언제 배웠어요?"

"책을 읽다보니 그렇게 됐어. 처음에는 당신에게 들은 이야기를 좀 더 깊고 자세하게 알고 싶은 마음에 서툴지만 차근차근 읽다보니 차츰 책의 내용이 손에 잡힐 듯 다가왔어. 귀로 듣기만 했던 이야기를 책을 통해 자세히 알게 되자 너무 기쁘고 즐거워서 손과 발이 절로 춤을 출 정도였어. 책의 내용을 모르면 다른 책을 찾아서 공부했어. 그러다 보니 시도 읽게 되었지. 시를 읽다 보니 파자를 한 시도 재미있을 것 같아서 만들어 본 거야."

달래는 안국이의 재주가 이렇게 뛰어나리라고는 생각지도 못했어요. 하루가 다르게 일취월장*하는 남편을 보니 너무 좋아서 눈물이 핑 돌고 하늘에라도 두둥실 떠오를 것 같았어요.

안국이는 하루 종일 책만 끼고 살 정도로 열심히 책을 읽었어요. 책을 얼마나 열심히 읽었는지 책장이 너덜너덜해졌어요. 달래는 그런 안국이를 위해 열심히 책을 구해 주었어요.

집은 책으로 가득 찼어요. 책을 읽고 또 읽으니 이제는 무언가를 기록하고 싶은 마음이 들었어요.

"나도 무언가를 쓰고 싶어."

안국이는 붓을 들어 생각나는 대로 글을 썼어요. 몇 년 동안 수만 권의 책을 읽은 까닭에 안국이는 잠시도 쉬지 않고 글자를 써 내려 갔어요.

"내가 이렇게 글을 잘 썼던가?"

★ **일취월장** : 나날이 다달이 자라거나 발전함.

안국이는 자신이 쓴 글을 보고 놀랄 때가 있었어요. 그리고 달래에게도 재미있는 이야기를 해 줄 때가 많아졌어요.

"부인, 하백을 아시오?"

"하백이라면 하천의 신이 아닙니까?"

"그럼, 하백이 색시를 얻은 이야기는 아시오?"

"아니요. 그런 이야기도 있어요?"

"있지요. 세상은 넓고도 넓은데 그런 이야기가 없을까?"

"궁금해요."

"내가 이야기를 할 테니 들어 보시오."

안국이는 이야기를 시작했어요.

❝전국 시대 위나라 문후 때에 서문표가 업의 현령으로 부임했지요. 업은 상당과 한단 사이에 있는데 고을에는 사람들이 적었고 분위기는 삭막했어요.

서문표는 부임한 직후에 마을의 노인들을 찾아가 백성들이 힘들어 하는 게 무엇인지 물었어요.

노인들이 입을 모아 현령에게 말했어요.

"가장 고통스러운 일은 하백이 장가드는 행사입니다."

"그게 무엇인지 자세히 말해 보라."

"이곳에는 고령에서부터 흐르는 물이 사성을 경유하여 동쪽으로 업도를 지나가는데 이 물을 가리켜 장하라 부릅니다. 하백은 바로 맑은 장하의 신인데 미인을 좋아한다고 알려져 있어요. 그래서 해마다 여자를 바쳐서 하백을 장가들게 하지요. 매년 이맘때가 되면 무당들이 온 마을을 돌아다니면서 예쁜 처녀를 고릅니다. 그러고는 부모에게 '당신 딸을 하백에게 시집보내 주겠소.' 라고 말하고는 끌고 갑니다. 강변에 신궁을 설치한 다음 데려 온 처녀를 거기에 머물게 하지요. 정해진 날짜가 되면 그 처녀를 물에 띄워 보내는데 처녀는 수십 리를 떠내려가다가 물속으로 가라앉게 되지요. 백성들에게는 '만일 하백에게 처녀를 보내지 않으면 노한 하백이 장하를 넘치게 하여 인가를 휩쓸어 버린다.' 는 이야기가 전해 옵니다. 그래서 매년 하백취부 행사를 치르는 것입니다. 이 때문에 딸 가진 집안은 멀리 이사 가 버렸고, 지금 성 안에는 처녀가 별로 없습니다. 게다가 업의 원로 세 명과 아전들이 매년 백성들에게 수십만 냥을 거둬들여 그 중 이삼십 만 냥은 행사 비용으로 쓰고 나머지는 무당과 나눠 갖습니다. 저희들에게는 그 부담도 만만치 않습니다."

서문표가 물었어요.

"이곳 백성들은 그렇게 배정된 금액을 내면서도 어째서 말 한 마디도 못하는가?"

"무당들이 푸닥거리하는 일에 백성을 교화하는 세 명의 원로와 아전들이 돈을 거두니 모두가 세금이라 생각하는 거지요."

"세금이라고?"

"네."

"돈이 오고 간다면 비리도 있겠군."

"자식의 목숨이 오고 가는 문제인데 당연하지요. 아전과 서리들이 어느 처녀가 하백의 부인에 해당된다고 하면 그 처녀의 부모들은 많은 재물을 바쳐서 하백의 부인이 되는 것을 면하게 합니다. 그러면 또 다른 처녀를 선정하여 이와 같이 재물을 착취하다가 나중에는 재물로 면할 능력이 없는 가난한 백성의 딸을 하백의 부인으로 뽑아 바치게 됩니다. 한마디로 돈이 없는 불쌍한 백성들의 자식들만 희생양이 되는 거지요."

노인들이 길게 한숨을 내쉬며 미간을 찌푸렸어요.

서문표가 말없이 고개를 끄덕이다가 다시 물었어요.

"이 고을은 이전부터 큰 수해가 있었는가?"

"해마다 처녀를 바쳐서 하백신의 노여움을 사지 않은 덕분에 수해를 면하였다고들 하나 이곳은 지대가 높기 때문에 강물이 쉽게 범람하지 못합니다."

잠시 생각에 잠겼던 서문표가 말했어요.

"어쨌든 하백신이 영험이 있었다고 하니 처녀를 시집보낼 때 나 또한 그곳에 가서 기원하고 싶구나."

이윽고 그날이 되어 서문표는 의관을 차려 입고 물가에 가 보았어요. 물가에 친 휘장 안에는 고을의 관속과 세 명의 원로, 동리의 부로 등이 모여 있었고, 휘장 바깥에는 백성들이 빼곡하게 모여 있었어요.

고을의 부로와 원로가 큰무당을 서문표에게 데리고 와서 인사를 시켰어요. 큰무당은 거만한 표정을 하고 있었고 뒤에는 젊은 무녀 20여 명이 의관을 깨끗하게 갖추고 서 있었어요.

"수고가 많소. 하백의 노여움을 사지 않도록 수고해 주시오."

"걱정하지 마십시오."

큰무당이 거만하게 대답하고 물러난 후 행사가 시작되었어요.

"신부를 데려오너라."

무당이 소리치자 하백에게 시집갈 처녀가 무녀들에게 끌려 나왔어요. 물끄러미 보고 있던 서문표가 갑자기 자리에서 일어나 손을 들고 크게 소리쳤어요.

"하백에게 시집보낼 처녀를 이리 데려오너라."

무녀들이 서문표에게 처녀를 데려왔어요. 서문표는 그 처녀의 얼굴을 유심히 살펴보더니 세 원로와 무당, 부로들이 서 있는 곳에 가서 말했어요.

"이 처녀는 너무 못 생겼소. 수고스럽겠지만 무당이 하백을 찾아가 한 말씀해 주시구려. 좀 더 예쁜 처녀를 물색해서 모레쯤 보내드리겠다고 말이오."

서문표는 말이 끝나기가 무섭게 병사들을 시켜서 무당을 강물에 던져 버리게 하였어요. 물에 빠진 큰무당이 허우적거리다가 사라졌어요.

시간이 조금 흐르자 서문표가 말했어요.

"무당이 하백을 뵈러 들어간 지 한참 된 것 같은데 어째서 안 오시는고? 무녀가 들어가서 모셔 오너라."

서문표는 이번에도 군사들을 시켜서 무녀를 물속에 던져 버렸어요. 무녀 역시 강물에서 허우적거리다가 물속으로 사라져 버렸지요.

서문표가 태연하게 고개를 갸웃거리며 다시 말했어요.

"이상하다. 이 무녀는 왜 또 안 오는 거지?"

서문표는 병사를 시켜서 다른 무녀를 물속에 밀어 넣었어요. 그렇게 인정사정없이 무녀 셋을 연이어 물속에 빠뜨렸어요.

무녀들이 보이지 않자 서문표는 세 원로에게 고개를 돌렸어요.

"지금 들어간 사람이 모두 여자여서 말을 잘 못하고 있는 모양입니다. 그러니 번거로우시겠지만 세 원로께서 하백에게 말씀을 좀 드려 보시지요."

서문표는 세 원로를 물속으로 집어던졌어요. 원로들의 모습이 강물 위에서 사라지자 서문표는 강 쪽을 향해 서더니 공손하게 몸을 숙였어요. 그 모습이 마치 하백의 이야기를 듣는 것 같았지요.

잠시 후, 서문표가 몸을 세운 후 사방을 둘러보다가 사람들에게 말했어요.

"무당과 세 원로가 돌아오지 않으니 아전이나 다른 원로들 중에서 한 분을 하백에게 보내는 것이 좋을 것 같소."

그러자 아전과 원로들이 바닥에 넙죽 엎드려 손이 발이 되도록 싹싹 빌었어요.

"나리, 살려 주십시오."

"그래, 그렇다면 좀 더 기다려 보자."

서문표는 두 손을 모으고 강을 바라보았어요. 잠시 후, 서문표가 고개를 돌려 소리쳤어요.

"아전들아! 일어나서 들어 보거라. 하백이 더 이상 처녀를 보내지 말라고 하신다. 너희들도 들었느냐?"

"들었습니다, 분명하게 들었습니다."

아전들이 일제히 하백의 대답을 들었노라고 맞장구를 쳤어요.

달래가 손뼉을 치며 웃더니 말했어요.

"일거에 미신을 없애버리다니, 서문표는 정말 뛰어난 관리예요."

"그렇지? 이후로 업 지방에서는 하백이 장가드는 풍속은 없어졌다는군. 서문표는 무당과 원로들의 집을 수색하여 부당하게 착취했던 재물을 모두 백성에게 돌려주었고, 또 부로들로 하여금 백성들 가운데 아내가 없는 자를 찾아서 무녀들을 시집보내도록 했지. 그렇게 하자 먼 곳으로 도망갔던 백성들도 돌아와서 살기 좋은 고을이 되었다는군."

달래가 두 눈을 동그랗게 뜨고 물었어요.

"서방님, 그 이야기가 어디에 있던가요?"

"위서에 있었어."

"위서를 보셨어요?"

"위서만 봤을까? 여러 사서를 찾아보니 서문표처럼 대단한 관리들이 많았어. 높은 자리에 있는 사람이 무능하고 사리사욕을 챙기면 백성들이 너무 힘들고, 반대로 청렴하고 유능하면 백성들이 행복해지는 것은 진리 같아."

안국이는 보던 책을 다시 펼쳤어요.

달래가 안국이에게 다가가더니 말했어요.

"당신은 정말 대단하세요."

"내가?"

"얼마 전까지만 해도 당신은 일자무식의 멍청이였는데 지금은 모르는 것이 없는 책벌레가 되었잖아요."

"책벌레?"

"네, 당신이 밤낮 없이 책을 읽는다고 사람들이 붙인 별명이에요."

"그래? 멍청이와 골빈당, 개살구가 책벌레가 되다니, 그게 바로 번데기가 나비가 된 건가?"

안국이는 빙그레 웃었어요.

"몇 년 동안 가까운 마을에 있는 책이란 책은 몇 번씩 읽

어서 모두 외우고, 문장 또한 출중하여 예전의 당신이 아닌데 이렇게 시골에 묻혀 계실 겁니까?"

"나더러 집으로 돌아가란 말이오?"

"소문을 들으니 이번에 한양에서 과거가 있다 합니다. 서방님께서 공부한 바가 적지 않으니 이번에 과거도 볼 겸 상경하셔서 부모님을 만나보세요."

"좋은 말이지만 생전에 돌아오지 말라고 부모님께 쫓겨난 자식이 마음대로 가도 되겠소?"

"그럼 시골에서 영영 촌사람으로 늙으시겠습니까?"

"부모님께 죄를 지은 몸이니 아무 데나 파묻혀 이대로 죽는 것도 괜찮지."

"당신이 바보스럽다는 것은 바로 그 때문입니다. 당신이 부모님께 죄를 지은 것은 공부를 못했기 때문입니다. 그러나 과거를 보고 급제한 후에 부모님을 뵙는 것이 좋은 방법이 될 것입니다."

안국이가 곰곰이 생각해 보니 한양을 떠나온 지도 십 년을 훌쩍 넘겼지 뭐예요.

부모님과 동생의 안부가 궁금한 안국이는 달래의 말을 따르기로 했어요. 안국이는 마음을 단단히 먹고 한양으로 출발했답니다.

과거 시험

집을 떠나 보름이 지나자 안국이는 한양의 동대문 앞에 도착했어요. 십 년 만에 부모님이 계시는 장안으로 들어서니 기쁘면서도 슬픔이 몰려왔어요. 안국이는 부모가 가까이 있지만 찾아갈 수 없어서 한양이 낯설게 느껴졌어요.

남대문을 들어온 안국이는 종로와 육의전 거리를 구경했어요. 종로와 육의전은 조선 팔도의 물건이 모이기 때문에 구경거리가 대단했답니다. 비단이며 도자기며 온갖 물건이 가득한 시장을 구경하던 안국이는 자신을 뚫어지게 바라보고 있는 아낙을 발견했어요. 바로 서당 아이들로부터 안국이를 지켜주던 유모였어요.

"유, 유모?"

우두커니 서 있던 아낙이 자개바람*을 일으키며 달려왔어요.

"에구머니! 정말 안국 도련님이 맞네요. 안동에 가셨다더니 어쩐 일이세요?"

"그, 그것이……."

"도련님, 이곳에서 이럴 게 아니라 저희 집으로 가세요. 이런 곳에 있다가 대감님께 들키기라도 한다면 경을 치기 십상입니다. 어서 저희 집으로 가세요."

유모가 눈물을 글썽이며 앞장섰어요. 유모는 집에 도착하자마자 안국이를 방안으로 들였어요.

"도련님, 어머님 보고 싶으시죠? 도련님이 갑자기 안동으로 떠난 후에 마님이 얼마나 상심하셨는지 아세요? 도련님이 돌아오셨다면 버선발로 뛰어오실 겁니다요. 잠시만 기다리세요. 제가 마님을 모시고 오겠습니다."

유모는 이렇게 말하더니 허둥지둥 사립문을 나가 버렸어요.

안국이는 하릴없이 유모 집에서 어머니를 기다릴 수밖에 없었어요. 시간이 한참 흘렀어요. 바깥에서 인기척이 들리더니 방문이 활짝 열렸어요.

"안국아."

★ **자개바람 :** 요란한 소리를 내며 빠르게 일어나는 바람.

그토록 보고 싶었던 어머니가 방문을 박차듯 들어왔어요.

"안국아, 네가 돌아왔구나. 네가 살아 있었구나. 나는 너를 평생 못 볼 줄로만 여겼다."

어머니는 안국이를 껴안고 서럽게 울었어요.

"네 아버지가 너를 그렇게 보낼 줄은 정말 몰랐다. 내가 진작 알았더라면 너를 안동으로 보내지 않았을 텐데……."

어머니는 연신 소맷자락으로 눈물을 훔쳤어요. 안국이는 어머니의 손을 잡았어요. 그때였어요. 방안으로 젊은 선비가 들어왔어요. 안국이가 어리둥절한 모습으로 바라보니 어머니가 말했어요.

"안국아, 네 동생 정국이란다."

정국이가 가볍게 고개를 숙여 인사를 하며 말했어요.

"형님, 형님이 오셨다 해서 어머님과 함께 왔어요."

"오! 그동안 많이 자랐구나."

"형님도 몰라보겠습니다."

정국이는 반가운 듯 형님의 손을 잡았어요.

어머니가 안국이의 손을 잡으며 물었어요.

"네가 안동에서 혼인했다는 말은 들었다. 색시는 어떠냐? 네게 잘해 주느냐? 사돈도 잘해 주시느냐?"

안국이는 안동에서 장가를 들고 지내던 일이며, 갑자기

집 생각이 나서 올라왔다고 말했어요. 다만 아내와 글공부를 하였고, 과거를 보러 왔다는 것은 말하지 않았어요.

안국이의 이야기가 끝나자 어머니가 눈시울을 닦으며 말했어요.

"안국아, 나는 너와 다시는 떨어지고 싶지 않구나. 바보든 멍청이든 너는 내가 낳은 자식이다. 내가 너를 어찌 잊을 수 있겠느냐? 내가 차츰 네 아버지의 양해를 구해 볼 것이니 너는 여기서 꼼짝 말고 숨어 있거라."

"하지만……."

"내가 어떻게든 방법을 찾을 것이니 너는 꼼짝 말고 숨어 있어야 한다."

어머니는 간곡하게 당부를 하더니 방을 나갔어요.

'내가 아버님께 인정을 받으려면 과거 시험을 잘 보는 수밖에 없구나.'

안국이는 사립문 밖으로 멀어지는 어머니와 정국이를 바라보며 한숨을 쉬었어요.

드디어 과거 날이 되었어요. 안국이는 바깥 구경을 하겠다며 유모의 집을 나와 과거장으로 갔어요. 과거는 성균관에서 치러졌어요. 성균관은 전국의 유생들이 유학을 공부하는 곳으로 숭교방 명륜동에 있었어요.

성균관 앞에는 하얀 도포를 입은 선비들로 가득했어요. 모두 과거를 보러 온 사람들이지요.

"어? 너 혹시 안국이 아니야?"

삼문 앞에서 눈에 익은 선비 하나가 말을 건넸어요.

"누, 누구?"

"나를 모르겠어? 서당에 함께 다녔는데?"

서당이라는 말을 들으니 생각났어요. 어릴 적 서당이 끝나면 앞장서서 놀리던 철구였어요. 그 옆에 있던 선비가 두 눈을 동그랗게 뜨고 물었어요.

"정말 안국이야?"

그 선비는 철구와 함께 안국이를 놀리던 명진이었어요.

"으, 응."

안국이가 기어들어 가는 목소리로 대답했어요.

"소문을 들으니 공부를 못해서 집에서 쫓겨났다며? 너도 과거 보러 왔어?"

철구와 명진이는 안국이를 아래위로 훑어보았어요. 안국이는 짐짓 빙그레 웃으며 말했어요.

★ **수협관** : 과거를 보는 시험장에서 책을 가진 사람이 있나 없나를 검사하던 임시 벼슬.

"나 같은 바보가 과거는 무슨……. 과거가 있다고 해서 구경이나 하러 왔지."

"하긴, 과거가 장난은 아니지. 낫 놓고 기역자도 모르는 너 같은 멍청이가 도전하기에는 어려운 것이 과거 아니겠어?"

철구가 하는 말을 명진이가 받았어요.

"네 아버님이 판서면 무엇하냐? 타고난 머리가 안 따라주는데……."

안국이는 속이 상했지만 내색하지 않았어요.

바로 그때, 삼문이 열리더니 청 단령을 입은 관리 서너 명이 포졸을 데리고 나왔어요.

"시험을 보러온 수험생들은 모두 과장으로 입장하시오."

성균관 앞에 서 있던 선비들이 우르르 삼문 안으로 들어갔어요. 철구는 마음이 급한지 안국이에게 말했어요.

"구경이나 하고 가라. 우리는 바빠서 이만 간다."

철구와 명진이는 웃으면서 과장 안으로 들어가 버렸어요.

'세 살 버릇 여든까지 간다더니 남을 놀리는 성품은 변함이 없구나.'

안국이는 친구들이 보이지 않자 천천히 삼문 안으로 들어갔어요. 문안에는 청 단령을 입은 수협관*의 감시 아래에 포졸 두 명이 옷과 소지품을 검사하고 있었어요.

　검사가 끝나자 수협관이 안국이의 이름과 집, 아버지와 조부의 이름을 기록했어요. 이런 절차들이 끝나자 마침내 안국이는 과장 안으로 들어갈 수 있었어요.

　눈앞에 보이는 커다란 건물에 명륜당이라는 현판이 걸려 있었어요.

　성균관 앞 넓은 마당에는 먼저 온 선비들이 자리를 잡고 앉아 있었어요. 일찍 들어온 선비들이 앞자리를 차지한 까닭에 안국이는 왼편 뒤쪽에 있는 과장 한 켠에 자리를 잡았어요.

　미리 자리를 잡은 선비들은 벼루에 먹을 갈고 있었어요. 은은하고 향기로운 묵향이 코끝을 스치고 지나갔어요. 사각사각 벼루에 먹을 가는 소리를 들으니 마음이 차분해졌어요.

　'나도 과거를 보는구나.'

　안국이도 벼루에 먹을 갈며 마음을 가다듬었어요.

　잠시 후, 홍 단령을 입은 상시관이 시험 문제를 들고 월대★ 위로 올라왔어요.

★ **월대** : 궁전이나 누각 따위의 앞에 세워 놓은 섬돌.

"지금부터 과거 시험을 시작하겠소."

상시관이 손에 든 시험 문제를 월대 위에 있는 시렁에 걸었어요. 돌돌 말린 시험 문제가 펼쳐지면서 문제가 나타났어요.

논하백취부　論河伯娶婦
하백이 장가가는 것에 대해 이야기하라.

김안국은 눈이 번쩍 뜨였어요.

'엉? 저건 위나라 서문표가 미신을 물리쳐 백성들의 고충을 처리한 이야기잖아. 아마도 지방관의 자질과 자세에 대해 논하라는 의미 같은데? 맞아! 틀림없어.'

김안국은 붓을 들어 종이 위에 이야기를 써 내려갔어요. 한 치의 막힘도 없이 글을 쓴 후에 참시관에게 답안지를 제출했어요.

"벌써 답을 다 썼는가?"

참시관이 놀란 눈으로 김안국을 바라보았어요. 김안국은 빙그레 웃었어요.

이윽고 두 번째 문제가 시렁 위에 걸렸어요.

소년이로 학난성　少年易老 學難成
소년은 늙기 쉽고 학문은 성취하기가 어렵나니.

일촌광음 불가경　一寸光陰 不可輕
짧은 시간이라도 가벼이 여겨서는 안 된다.

송나라 주자는 학문을 게을리하는 것을 경계하여 위의 시를 지었다. 위 시의 의미에 가장 적합한 이야기를 쓰시오.

　안국이는 자수를 놓으면서 노래를 부르던 달래가 생각났어요. 그때 달래가 불러 주었던 노래였어요.
　안국이는 일자무식이던 자신이 열심히 책을 읽고 공부하지 않았다면 어떻게 과거 시험을 볼 수 있었을까 생각하니 어릴 적 글자에 겁을 먹고 공부를 게을리했던 것이 후회가 되었어요. 그 순간 안국이의 뇌리에 우공의 이야기가 생각났어요.
　'그래. 학문이 어렵지만 포기하지 않고 우공처럼 꾸준하게 공부한다면 언젠가는 성취할 수 있을 거야.'
　안국이는 우공이산의 이야기를 써서 참시관에게 제출

했어요.

"이번에도 자네인가?"

참시관이 김안국의 답안지를 바라보다가 고개를 끄덕였어요. 안국이가 월대 앞에서 바라보니 아직도 글을 쓰지 못하고 생각에 잠긴 사람들이 무척 많았어요. 앞줄에 있던 철구와 명진이가 놀란 눈으로 김안국을 보고 있었어요.

연이은 시험 문제에서도 김안국이 일등으로 답안지를 냈어요. 시험 문제들은 안국이가 평소에 좋아하던 내용에서 나왔어요.

"과거 시험이 대단한 줄 알았더니 별거 아니구나. 모두 책 속에 있는 내용이잖아. 이런 게 뭐가 어렵다고……."

안국이는 후련한 마음으로 유모의 집으로 돌아왔어요.

장원 급제

며칠 후, 성균관 담장에는 과거 급제자의 방이 걸렸어요. 자신의 이름을 확인하려는 수험자들이 구름처럼 몰려들었어요.

안국이는 사람들 사이를 비집고 들어갔어요. 성균관 담에 붙은 방목*에는 과거에 합격한 사람들의 이름이 차례대로 쓰여 있었어요. 안국이는 밑에서부터 찬찬히 방목을 확인했어요. 중간을 지나도 이름이 없자 실망하면서 고개를 들어 맨 위를 보았어요.

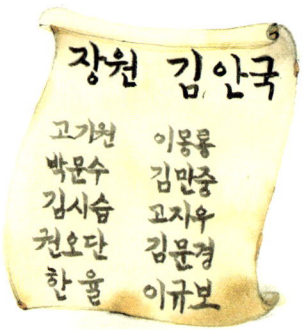

방의 제일 윗부분에 김안국의 이름이 있었어요. 깜짝 놀란 안국이는 두 눈을 비빈 후 다시 보았어요.

'내, 내가 과거 급제를 했단 말이야? 그것도 장원으로?'

안국이는 믿을 수가 없어서 두 볼을 꼬집어 보았어요. 볼이 따끔하게 아팠어요.

안국이는 하늘을 날 듯 기분이 좋았어요. 이제 과거에 급제했으니 아버지에게도 인정을 받을 수 있고, 아내와 함께 한양에서 살아도 될 테니까요.

안국이는 부모님이 있는 집을 향해 달음질을 했어요. 아버지와 어머니가 이 사실을 알면 얼마나 기뻐하실까? 생각만 해도 기분이 짜릿했어요.

한달음에 집으로 달려온 안국이는 대문 앞에 포졸들이 서 있는 것을 보았어요.

안국이는 대문 앞에서 걸음을 멈추었어요. 포졸들 사이에 철구와 명진이가 보였어요.

철구가 손가락질을 하며 소리쳤어요.

"저, 저기 김안국이 있어요."

험악하게 생긴 사령이 김안국을 가리키며 소리쳤어요.

★ **방목** : 고려 · 조선 시대의 과거 합격자 명부.

"저 자를 잡아라."

포졸들이 우르르 달려와 김안국을 포박했어요.

"왜 이러시는 겁니까?"

안국이는 영문을 몰라 어리둥절한 표정으로 사령에게 물었어요. 그때 철구가 다가오더니 말했어요.

"네가 네 죄를 모른단 말이냐?"

"철구야, 대체 내가 무슨 죄를 지었단 말이야?"

바로 그때였어요. 포박된 김 판서가 포졸들에게 이끌려 대문 밖으로 나왔어요.

"아버지."

김 판서는 화가 난 얼굴로 소리쳤어요.

"이놈, 내 생전에 다시는 한양으로 올라오지 마라 했는데 어째서 올라와 이런 화를 일으켰단 말이냐? 우리 집안은 너 때문에 망했다."

"아버님, 그게 무슨 말씀입니까? 저 때문에 집안이 망하다니요?"

"이놈아, 글자 하나도 깨치지 못한 바보 천치가 무슨 수로 과거에 급제를 했단 말이냐? 네놈이 부정한 방법으로 장원 급제를 한 것이 밝혀졌으니 우리 집안은 이제 망했다."

안국이의 두 눈이 휘둥그레졌어요.

"아, 아닙니다. 그렇지 않습니다. 제가 부정을 저질렀다니요?"

철구가 끼어들었어요.

"이놈, 잡아떼도 소용없다. 우린 네가 열네 살이 될 때까지 하늘 천도 깨치지 못하는 바보 멍청이란 것을 알고 있어. 그런 바보가 장원 급제가 다 뭐야? 낫 놓고 기역자도 모르는 바보 멍청이가 무슨 수로 과거에 급제를 한단 말이냐? 네놈이 아버지의 세력을 믿고 선접꾼*을 구하고 거벽*과 사수*를 사서 부정을 저지른 것을 모를 줄 알고? 오늘 아침 과거 급제 방목에 네 이름이 걸린 것을 보고 내가 포도청에 신고를 하였다."

옆에 있던 명진이가 혀를 찼어요.

"욕심은 화를 부르는 법인데 네놈이 오르지 못할 나무를 넘본 벌이다."

"난 부정을 저지른 적이 없어."

"그건 포도청에서 조사해 보면 자연히 밝혀지겠지."

★ **선접꾼** : 과거를 볼 때에 남보다 먼저 시험장에 들어가 좋은 자리를 차지하는 사람을 이르던 말.
★ **거벽** : 조선 시대에 과거 시험의 답안지 내용을 전문적으로 대신 지어 주던 사람.
★ **사수** : 조선 시대에 과장에서 시권의 글씨를 대신 써 주던 사람.

포도군관은 안국이와 김 판서를 포도청으로 압송했어요.

과거 급제자가 부정을 저질렀다는 것도 큰일인데, 조정 대신인 김 판서가 연루되었다는 말이 퍼지자 장안이 떠들썩했어요.

임금님께서 친히 조사를 하기 위해 포도청으로 오셨지요. 넓은 포도청의 마당에는 안국이와 김 판서가 무릎을 꿇고 있고, 곤룡포를 입은 임금님은 포도청의 마루 위에 놓인 용상에 앉아 있었어요. 봉당 위에는 조정의 대소 신하들이 늘어서 있었어요.

임금님이 김 판서에게 물었어요.

"김 판서, 경이 아들의 과거 급제를 돕기 위해 부정을 저질렀다는 말이 사실인가?"

김 판서는 길게 한숨을 내쉬다가 입을 열었어요.

"전하, 이 모든 것은 신의 불찰이옵니다."

김 판서는 아들이 아둔하고 멍청하여 열네 살이 되도록

글을 읽지 못하였으며 그로 인해서 안동 땅으로 내려 보냈던 이야기를 숨김없이 아뢰었어요.

"아들이 신의 뜻을 어기고 한양으로 올라와 부정을 저지른 것은 큰 잘못이오나, 어리석은 자식이 부모를 보고 싶은 마음에서 비롯된 것이니 용서해 주십시오. 이는 모두 신의 불찰이오니 아들의 죄는 신이 대신 받겠사옵니다."

안국이는 김 판서가 자신을 두둔하는 말에 가슴이 찡했어요. 언제나 야단을 치고 혼을 내던 아버지의 마음에도 안국이에 대한 애정이 남아 있었던 거예요.

안국이는 바닥에 몸을 숙인 채 임금님께 아뢰었어요.

"전하, 저는 부정을 저지르지 않았사옵니다."

임금님이 김안국을 내려다보며 말했어요.

"너는 글을 읽지도 쓰지도 못한다고 하던데, 부정을 저지르지 않았다고?"

"어릴 적에는 바보 멍청이였지만 지금은 아니옵니다."

안국이는 또박또박하게 대답했어요.

"네가 그 말을 증명할 수 있겠느냐?"

"네, 증명해 보일 수 있사옵니다."

안국이는 전날 과거 시험에 나왔던 문제와 답을 차례로 이야기했어요. 하나도 틀리지 않고 말이에요. 듣고 있던 김 판서의 두 눈이 휘둥그레지더니 감탄이 흘러나왔어요.

"네가 책을 읽을 수 있겠느냐?"

임금님의 명을 받은 관리가 안국이에게 책을 건넸어요. 안국이는 토씨 하나 틀리지 않고 읽었어요.

임금님이 고개를 갸웃거리면서 안국이에게 말했어요.

"이상한 일이로구나. 네 아비는 너를 멍청이라고 했는데, 이게 어떻게 된 일인지 말해 줄 수 있겠느냐?"

안국이는 안동 관아에서 통인으로 살던 시절부터 달래와 혼인하여 자연스럽게 공부를 하게 된 이야기를 했어요.

"재미있는 이야기를 읽기 위해 글공부를 하게 되다니……."

임금님은 감탄을 했어요.

"저는 어릴 적부터 공부를 하라는 말을 들었습니다. 글공부를 해서 급제를 하는 것만이 제가 가야 할 바였습니다. 그것이 점점 무거운 멍에가 되어 어깨를 짓누르다보니 어느 날부터 글자가 무섭고 책을 보면 머리가 어지럽게 되어 버린 것입니다. 그런 저를 아내가 이끌어 주었습니다. 아내는 재미있는 이야기로 글공부를 할 수 있도록 저를 인도했습니다. 모르는 것을 알아 가는 일은 말로는 표현하기 힘든 재미가 있었습니다. 저는 공부에 재미가 붙어서 열심히 책을 읽고 또 읽었습니다. 아내가 아니었다면 지금도 글을 모르는 바보 멍청이로 살고 있을 것이옵니다."

"네가 아내 덕을 많이 보았구나."

"네, 그렇사옵니다."

미소가 가득한 얼굴로 임금님이 안국이를 바라보며 말했어요.

"네가 정당하게 과거를 보았다는 것은 증명이 되었지만 세상 사람들은 곧이곧대로 믿어 주지 않을 것이다. 따라서 네가 결백하다는 것을 세상 사람들에게 증명해야 한다."

"제가 어떻게 증명을 하면 되겠사옵니까?"

"너는 지금 당장 예조의 관원을 따라 태평관으로 가거라. 태평관에는 명나라와 왜국에서 온 사신들이 잔치를 열고 있을 것이다. 조정의 유능한 관리들이 외국 사신들을 접대하고 있는데 그곳에서 공을 세우라."

"미천한 제가 어떻게 공을 세울 수 있겠사옵니까?"

"관직 생활을 해 보면 알겠지만 사신과의 잔치는 잔치가 아니라 대결의 자리다. 외국의 사신과 조정의 문관들이 문장으로 대결하여 나라의 자존심을 지켜 온 것은 아주 오래된 일이다. 조선 초의 문형이었던 서거정은 출중한 문장으로 외국 사신들의 코를 꺾었다. 예조의 관리들이 문장을 갈

고닦는 것은 외국 사신과의 대결도 한몫을 하고 있다. 기대는 하지 않지만 만에 하나 네가 명나라와 왜국 사신이 내는 문제를 풀 수 있다면 너를 장원으로 인정하겠다. 하지만 꿀 먹은 벙어리처럼 앉아 있다가 돌아온다면 부정을 저지른 죄로 귀양을 보낼 수밖에 없다. 명심하거라."

임금님은 엄한 얼굴로 김안국을 물끄러미 바라보았어요.

사신과의 대결

　김안국은 관리들이 입는 청 단령을 입고 예조의 관원을 따라 갔어요. 앞서 가던 관원이 주눅이 든 안국이에게 말했어요.

　"예조의 관원들 중에서도 문장가들이 많으니 너에게 차례가 돌아갈지 모르겠다. 웬만큼 어려운 문제가 아니고서는 기회도 주어지지 않을 텐데 걱정이구나. 장원 급제를 해 놓고 귀양 갈 걱정을 해야 하다니 참 딱하네."

　안국이가 생각해도 관원의 말이 옳았어요. 조정에서 벼슬을 하려면 과거에 급제를 해야 하니 얼마나 많은 책을 읽고 공부를 했겠어요. 더구나 예조는 그 중에서도 문장이 뛰어난 사람들이 모였으니 안국이에게 차례가 돌아올 리 없겠지요. 만약 안국이에게 문제가 오더라도 예조의 관원들조차 풀지 못한 문제라면 더 걱정스럽지 않겠어요?

'내가 괜히 과거를 보러 왔구나. 이게 다 욕심 때문이야. 마음 편하게 집에서 책이나 봤으면 얼마나 좋았을까?'

안국이는 가슴이 답답해서 따라가는 내내 한숨만 내쉬었어요.

관원이 앞장서서 간 곳은 태평관이었어요. 태평관은 외국의 사신들을 접대하는 곳이에요. 태평관 입구에 눈에 익은 두 사람이 보였어요. 바로 철구와 명진이었어요.

청 단령을 입은 두 사람이 놀란 눈으로 안국이를 바라보았어요. 철구가 물었어요.

"포, 포도청에 있어야 할 네가 여긴 어떻게 온 거야?"

안국이가 되물었어요.

"그러는 너희는 어떻게 왔어?"

명진이가 대답했어요.

"우, 우린 왕명을 받고 왔어."

앞서 가던 관원이 말했어요.

"시간이 없으니 어서 들어가자."

관원이 안국이와 철구, 명진이를 데리고 태평관으로 들어갔어요. 태평관 안에는 잔치가 한창이었어요. 마당에는 아름다운 무희들이 음악에 맞춰서 부채춤을 추고 있었어요.

태평관 대청 위에는 화려한 옷을 입은 남자와 스님이 앉아 있었어요.

임금님이 말한 중국 사신과 왜국 사신이었어요.

안국이와 일행들은 관원의 지시대로 잔칫상의 맨 끝에 앉았어요. 잠시 후, 무희들의 춤이 끝났어요.

잔칫상의 상석에 앉아 있던 중국 사신과 왜국 사신의 눈이 마주쳤어요. 중국 사신이 주위를 둘러보더니 호탕하게 웃으며 말했어요.

"자, 이제 분위기가 무르익었으니 재미있는 대구 놀이나 합시다."

중국 사신이 왜승에게 눈짓을 했어요. 그러자 옆에 있던 왜승이 붓을 들어 종이 위에 썼어요. 처음 몇 문제는 예조의 관원들이 쉽게 대구를 썼어요.

왜승과 예조의 관원들 간에 웃음꽃이 피었어요. 안국이는 조바심이 났지만 어쩔 수 없었어요.

"역시 조선에는 문장가들이 많다 하더니 명불허전*입니

★ **명불허전** : 명성이나 명예가 헛되이 퍼진 것이 아니라는 뜻으로, 이름날 만한 까닭이 있음을 이르는 말.

다. 이번에는 제가 재미있는 시 하나를 만들어 왔습니다. 이 시에 대구를 붙여 보시지요."

왜승은 붓을 들어 종이에 시 한 수를 적었어요.

빙소일점환위수　氷消一點環爲水
얼음에 한 점이 사라지니 도로 물이 되었다.

붓을 내려놓은 왜승은 말없이 웃고 있었어요. 잔칫상에 둘러앉은 관리들은 꿀 먹은 벙어리처럼 말이 없었어요. 서로의 얼굴을 쳐다보는 모습이 낭패를 만난 사람 같았지요.

안국이는 물끄러미 왜승이 낸 시를 바라보았어요.

왜승은 파자로 된 시를 냈어요. 얼음 빙(氷)에 한 점(·)을 빼면 물 수(水)가 된다는 뜻이었어요. 문장도 대단하지만 대구를 달 일이 걱정이었어요.

"이 시는 대구를 달기 쉽지 않을 것이오. 하하하하."

왜승이 소리 높여 웃었어요. 마치 대구를 달 수 없다고 자신하는 것 같았어요. 예조 관원들의 안색이 일그러졌어요. 철구와 명진이는 어쩔 줄 몰라서 고개를 푹 숙였어요.

"어허, 조선의 관리들 가운데 이 시에 대구를 다는 사람이 없는 거요? 역시 이 시는 대구를 달 수 없을 거요. 하하하."

왜승이 코웃음을 쳤어요.

"그렇게 어려운 시는 아니오."

말석에 앉아 있던 안국이가 자리에서 일어났어요.

예조의 관리들이 일제히 안국이를 바라보았어요. 철구와 명진이도 놀란 눈으로 안국이를 올려 보았어요.

왜승이 고개를 갸웃거리며 안국이에게 말했어요.

"어려운 시가 아니라니? 그럼 이 시의 대구를 할 수 있단 말인가?"

"지당하오."

안국이는 붓을 들어 왜승이 쓴 시 옆에 글을 썼어요.

목립쌍조갱작림   木立雙條更作林
나무가 쌍으로 서면 곧 숲을 이룬다.

"이, 이럴 수가……."

왜승이 깜짝 놀라 김안국을 바라보았어요. 나무가 두 개 붙으면 수풀 림(林)이 된다는 의미였어요. 단순하지만 왜승이 낸 시에 비견할 만한 문장이었던 거죠.

예조 관리들의 얼굴에 화색이 돌았어요. 마치 죽다가 살아난 사람 같았어요.

"허허허. 과연……. 하지만 이 시의 대구도 달 수 있을까?"
왜승이 다시 종이에 글을 썼어요.

출문원관산산취　　出門遠觀山山翠
문을 나서 멀리 보니 산마다 푸르구나.

왜승은 입가에 희미한 미소를 지으며 종이를 주었어요. 안국이가 가만히 바라보니 문장 앞에 있는 날 출(出)을 나누면 뫼 산(山), 산이 되는 거예요. 앞의 출이라는 단어를 파자한 시였던 거지요.

왜승은 문제를 풀지 못할 거라 생각한 듯 얼굴에 자신감이 충만해 보였어요. 하지만 이런 파자 문제는 글자를 배울 때 달래와 자주하던 거라 별로 어렵지 않았어요.

"이것도 과히 어려운 시는 아닙니다."

안국이는 미소를 지으며 붓을 들었어요.

붕우상송월월친　　朋友相送月月親
친구를 떠나보낸 후에는 달만 보면 반갑구나.

왜승의 입가에서 웃음기가 싹 달아나 버렸어요. 벗 붕(朋)

을 달 월(月)로 나누어 놓았으니 왜승의 문장과 완벽한 대구가 되었던 거예요.

"또 내실 문제가 있으십니까?"

안국이는 미소를 지으며 물었어요.

"대, 대단한 글재주요. 내가 졌소."

왜승이 설레설레 고개를 젓다가 자리에 앉았어요.

명나라 사신이 화가 난 듯한 얼굴로 자리에서 벌떡 일어났어요.

"대구를 짓는 재주가 제법이군. 이건 우리나라에서는 다섯 살짜리도 짓는 시인데 한번 풀어 볼 텐가?"

사신이 붓을 들어 종이에 썼어요.

선시산인불불인　仙是山人佛弗人
신선은 산 사람이나 부처는 사람이 아니오.

예조 관리들의 시선이 안국이에게 집중되었어요. 어느새 명나라 사신과의 대결은 예조 관리가 아니라 김안국과의 대결로 변해 있었어요.

안국이는 예조 관리들의 시선을 느끼면서 명나라 사신이 낸 시를 바라보았어요. 명나라 사신의 문제도 왜국 사신의 문제처럼 전형적인 파자 시였어요.

신선 선(仙)을 나누면 사람 인(人)과 산(山)이 되고 부처 불을 나누면 아닐 불(弗)과 사람(人)이 되니 말이에요.

안국이는 빙그레 웃으며 대답했어요.

"대국 사신의 말이 옳습니다. 그런데 이런 시의 대구는 우리나라의 세 살짜리 아이도 하지요."

안국이는 붓을 들어 글을 썼어요.

홍유강조계해조　鴻惟江鳥鷄奚鳥
기러기는 강 새이지만 닭이 어찌 새인가?

명나라 사신의 얼굴에 핏기가 가셨어요. 창백해진 얼굴이 점점 울그락불그락 변하더니 이맛살이 구겨졌어요.

명나라 사신은 붓을 들어 종이에 글을 썼어요.

연쇄지당류　烟鎖池塘柳
연기는 연못의 버드나무를 감춘다.

"내가 낸 시에 대구를 달 수 있겠는가?"

명나라 사신은 득의양양한 얼굴로 안국이를 노려보더니 잔칫상에 둘러 앉은 관리들에게 고개를 돌렸어요.

관원들은 꿀 먹은 벙어리처럼 말이 없었어요. 명진이와 철구도 고개를 푹 숙인 채 눈치를 살폈어요.

'정말 어려운 시로구나.'

안국이는 명나라 사신이 낸 문제에 조정의 관리들이 꿀 먹은 벙어리가 된 이유를 알 것 같았어요. 짧은 문장이지만 다섯 개의 글자 머리에 서로 다른 부수가 있었어요.

烟 연기 연의 부수는 화(火)
鎖 가릴 쇄의 부수는 금(金)
池 연못 지의 부수는 수(水)
塘 연못 당의 부수는 토(土)
柳 버드나무 류의 부수는 목(木)

화금수토목은 오행*이에요. 명나라 사신이 낸 문제의 대구를 달기 위해서는 반드시 오행이 있는 문장으로 시를 지어야 하기 때문이지요.

"크하하하. 이 시의 대구를 달 사람이 없는가? 역시 소국

★ **오행** : 五行, 우주 만물을 이루는 다섯 가지 원소. 금(金), 수(水), 목(木), 화(火), 토(土)를 이른다.

에는 인재가 없단 말인가?"

중국 사신이 유쾌하게 웃었어요.

안국이는 화가 났어요.

"그 역시 어렵지 않은 시로군요. 제가 대구를 달겠습니다."

안국이는 상 위에 있는 붓을 집어 들었어요. 그러고는 중국 사신이 적어 놓은 시 옆에 글을 썼어요.

등경정토수　燈鏡淨土樹
등불이 극락의 보리수를 비춘다.

중국 사신이 놀란 눈으로 김안국을 바라보았어요.

"이, 이걸 어떻게?"

燈 등불 등의 부수는 화(火)
鏡 비칠 경의 부수는 금(金)
淨 깨끗할 정의 부수는 수(水)
土 흙 토의 부수는 토(土)
樹 나무 수의 부수는 목(木)

오행이 완벽하게 갖추어진 시였어요. 명나라 사신이 김안국의 시를 보다가 그 자리에 털썩 주저앉았어요. 명나라에서도 해답을 찾지 못하던 시였거든요.

잔칫상에 둘러 앉아 있던 사람들이 놀란 눈으로 김안국을 바라보았어요. 명진이와 철구는 입을 쩍 벌리고 있었어요.

"그, 그대의 이름이 무언가?"

명나라 사신이 놀란 얼굴로 물었어요.

"김안국이라고 합니다."

안국이는 공손하게 대답했어요.

"벼슬이 어떻게 되는가?"

"이번에 과거에 합격했기 때문에 벼슬이 없습니다."

"벼슬이 없다고?"

"네, 이 나라에는 뛰어난 인재들이 많아서 저는 문장으로 얼굴을 내밀기 어렵습니다."

명나라 사신의 얼굴이 처참하게 구겨졌어요. 입에서는 탄식이 절로 나왔어요.

"좋소. 이번에는 마지막으로 수수께끼를 내겠소. 이것이 무슨 글자인지 알아맞혀 보시오. 구름 셋에 용 세 마리, 밭 다섯 마지기에 새 한 마리가 있는 것은 무엇이오?"

안국이는 능청스럽게 붓을 들어 종이에 그리며 말했어요.

"구름 셋에 용 세 마리라면 '하늘을 나는 용'을 말하는 것이지요."

"또 밭 다섯 마지기에 새 한 마리라면 '다람쥐'를 말하는 것이 아닙니까?"

명나라 사신의 눈이 휘둥그레졌어요.

"대, 대국의 사람들도 모르는 단어를 어떻게?"

안국이는 빙그레 웃었어요. 어려운 단어는 책을 읽다가 호기심에 외워 놓았던 것인데 이렇게 빛을 보게 될 줄은 안국이도 미처 생각지 못했어요.

"말이 나온 김에 제 문제도 풀어 보시겠습니까?"

안국이는 명나라 사신의 대답을 듣지도 않고 말했어요.

"일월이 앞에 가고 창과 방패가 뒤를 따른다. 그리워하는 마음 안에 숨기고 말을 타고 멀고 먼 곳으로 가노라. 이것이 무엇입니까?"

명나라 사신이 멍하게 김안국의 얼굴을 바라보다가 붓을 들어 종이에 글자를 썼어요.

안국이가 말한 해(日)와 달(月)과 방패(干)와 창(戈)과 말(馬) 이 어지럽게 종이 위에 쓰여 있었어요. 한참을 붓을 들고 글자를 쓰던 명나라 사신은 머리를 설레설레 도리질하더니 말했어요.

"도대체 답이 무언가? 정말 모르겠소."

안국이는 빙그레 웃으며 왜국 사신에게 물었어요.

"답을 아시겠습니까?"

왜국 사신도 고개를 숙이며 수줍게 말했어요.

"대국 사신도 모르는 문제를 전들 알겠습니까?"

명나라 사신과 왜국 사신의 얼굴에 부끄러움이 가득해 보였어요.

"대체 답이 무엇이오?"

명나라 사신이 재촉했어요.

김안국은 느긋하게 붓을 들어 종이에 썼어요.

"일월이 앞에 가고 창과 방패가 뒤로 갑니다. 그리워하는 마음(戀)을 가운데 숨기고 말을 타고 먼 길을 갑니다."

붓을 놓은 안국이가 말했어요.

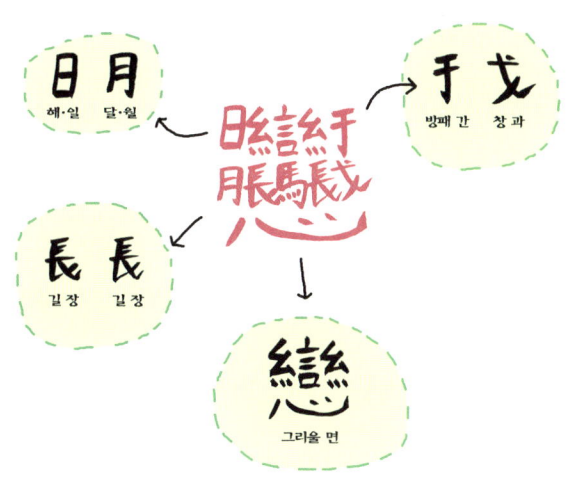

" '귀신 쫓기' 라는 글자입니다. '굿' 이라고도 하지요."

명나라 사신이 두 눈을 크게 뜨고 글자 안에 있는 문자들을 세면서 말했어요.

"이, 이게 정말 대국의 글자란 말이오?"

"그렇습니다."

"이, 이런 글자를 어떻게 아시오?"

"책을 많이 읽다보니 자연스럽게 알게 되었소."

"탄복했소. 정말 탄복했소."

명나라 사신이 엄지를 치켜들며 안국이를 칭찬했어요. 옆에 있던 왜승은 안국이가 쓴 글자를 바라보다가 고개를 설레설레 저었답니다.

안국이가 태평관에서 문장으로 중국과 왜국 사신의 코를 납작하게 누른 이야기는 사람들의 입을 통해 널리 퍼졌어요. 이 일로 안국이가 부정하게 과거 시험에 합격했다는 이야기는 쏙 들어가고 말았지요.

"짐은 네가 공을 세우지 못할 줄로만 여겼는데 뜻밖에 우리나라의 자존심을 지켰구나. 참으로 큰 공을 세웠다. 네가 장원 급제한 것을 인정하노라."

"성은이 망극하옵니다."

안국이는 임금님으로부터 칭찬과 함께 장원 급제 합격증인 홍패를 받았어요. 안국이의 아버지 김 판서가 기뻐한 것은 말할 것도 없겠지요?

장원 급제를 한 안국이는 머리에 어사화를 꽂고 한양의

사대문을 돌았어요. 색동옷을 입은 동자들이 앞장을 서고 그 뒤로 악사들이 풍악을 울렸어요. 태평소를 불고 꽹과리를 치며 악사들이 흥겨운 곡을 연주하면 광대들은 제비를 돌면서 재주를 부렸어요.

사람들은 길가에 빼곡히 둘러서서 안국이의 장원 급제 행차를 구경했어요.

보교에 앉아 있던 안국이는 아내인 달래가 생각났어요. 바보 멍청이였던 자신을 책벌레로 만들고 장원 급제할 수 있도록 이끈 것은 아내인 달래의 공이 컸어요.

하지만 안국이는 달래를 생각하면서 근심도 같이 떠올랐어요. 나라의 법에 의하면 양반이 중인과 혼인을 하면 자식은 중인이 돼요. 김 판서는 장원 급제한 안국이를 양반 처녀와 혼인시킬 거예요. 그러면 달래는 첩으로 살아야 합니다.

'사람이 은혜를 모르면 짐승과 다름없는 거야. 나를 이렇게 만들어 준 달래와 평생을 오순도순 살 수 없다면 차라리 벼슬을 버리는 것이 나아. 모든 것을 버리고 안동으로 가자. 안동에서 달래와 재미있는 책을 읽고 이야기를 나누면서 알콩달콩 소박하게 살아야겠다.'

안국이는 이렇게 마음을 먹었어요. 바로 그때였어요.

"서방님."

사람들 사이에서 손을 흔들고 있는 달래가 보였어요.

안국이는 보교에서 뛰어내려 달래에게 달려갔어요.

"도대체 어떻게 된 거요?"

안국이는 달래의 손을 잡고 물었어요.

"임금님께서 한양으로 급히 올라오라는 명을 내리셨어요."

"임금님께서?"

"네, 당신을 장원 급제시킨 공이 크다고 임금님께서 저를 양반으로 허락한다는 첩지를 내리셨어요. 아버님은 그 소식을 듣고는 동네가 떠들썩할 정도로 큰 잔치를 벌이셨지요."

달래의 눈망울이 촉촉하게 젖어 들었어요.

안국이는 너무 기뻐서 달래의 손을 잡고 덩실덩실 춤을 추었어요.

바보 멍청이에서 대제학이 된 김안국 이야기

김안국은 1503년 별시문과에 급제하여 승문원 권지부정자로 벼슬을 시작한 뒤 홍문관 박사·부수찬·부교리 등을 지냈어요. 유능한 젊은 문신들을 뽑아서 휴가를 주어 독서당에서 공부하도록 정해 놓은 사가독서를 하고, 1507년(중종 2)에는 다시 문과 중시에 급제해 지평·예조참의·대사간·공조판서 등을 지냈어요.

1517년에 경상도 관찰사로 있을 때에는 각 향교에서 『소학』을 가르치게 하고, 『이륜행실도언해』·『정속언해』 등의 교화서*를 간행하고 보급했으며, 향약을 시행하도록 했지요.

★ 교화서 : 가르치고 이끌어서 좋은 방향으로 나아가게 하는 책.

그 밖에도 『농서언해』·『잠서언해』 등 농사를 짓는데 필요한 책을 만들고 『벽온방』·『창진방』 등 병을 치료하는 의학책도 간행했답니다.

1519년에 기묘사화가 일어나는 바람에 김안국은 관직에서 쫓겨났게 되었어요. 그때 김안국은 고향에서 은거하면서 후진들을 가르쳤어요. 1538년에 김안국은 벼슬길에 다시 올랐어요. 이어 예조판서·대사헌·병조판서·좌참찬·대제학·찬성·판중추부사·세자이사 등의 벼슬을 지내다가 1543년에 세상을 떠났지요.

김안국은 뛰어난 문장 실력으로 중국과 왜국에 이름을 널리 알린 것으로도 유명해요. 대제학은 문형*이라 해서 우리나라에서 제일 문장을 잘하는 사람에게 주었던 벼슬이에요.

김안국은 책벌레라는 별명답게 항상 책을 가까이하며 살았어요. 그래서 김안국이 살았던 곳에는 언제나 책 읽는 소리가 끊이지 않았다고 해요. 세상 사람들은 책벌레가 된 김안국이 세상을 떠나자 말년에 살던 동네를 안국동이라고 불렀답니다. 그곳이 바로 지금의 서울특별시 종로구 안국동이에요.

★ 문형 : 저울로 물건을 다는 것과 같이 글을 평가하는 자리라는 뜻.